給

同道人

約翰福音一章14節

經文到講章之旅

孫寶玲 著

▼

教會事工系列 · 宣講職事

宣講之道

經文到講章之旅

Finding Words for the Word:

A Journey from Text to Sermon

作者
孫寶玲 Sun, Po-ling

責任編輯
蔡錦圖

裝幀設計
莫可雅

■

出版 / 發行
基道出版社
香港沙田火炭坳背灣街 26 號富騰工業中心 1011 室
LOGOS PUBLISHERS
Unit 1011, Fo Tan Ind. Centre, 26 Au Pui Wan St., Shatin, Hong Kong
電話：(852) 2687-0331 傳真：(852) 2687-0281
網址：https://www.logos.com.hk

承印
陽光 (彩美) 印刷公司

●

4/2004 初版
Cat. No. LP349B
ISBN-10: 962-457-258-5
ISBN-13: 978-962-457-258-2

Printed in Hong Kong

刷次	11	10	9	8	7	6	5	4	3
年份	2025	2024	2023	2022	2021	2020	2019		

羅序

很高興見到孫寶玲博士的作品《宣講之道：經文到講章之旅》一書出版。這是一本講道集，但並非把講章收集起來發表的普通一本書，而是帶有分享和教導作用的。本來，講章是很「個人」的東西，旁人只能閱讀或聆聽，是無法作出回應的，但孫博士把這些講章結集出版，是給予人回應，甚至批評的機會，這是既勇敢亦謙卑的做法，值得我們向孫博士致敬。另一方面，孫博士不單把自己的講章公諸於世，更把每篇講章「孕育」的過程剖析出來，讓讀者能在某程度上進入孫博士的宣講世界中，仿如站在他身後，觀看他把所領受的信息凝結、整理和鋪排的整個過程，這更是難得一見的。為這緣故，孫博士的書，似乎開創了講道集這「類」(genre) 中的新形式 (form)，可喜可賀。

從孫博士的現身說法中，可見他對宣講及釋經的理論，有很扎實的掌握，而應用也恰到好處。在現代聖經研究的領域中，很強調聖經神學是一個宣認的過程和表達，就是釋經者站在信仰的基礎上，一方面進入聖經的世界中，設身處地地體會了聖經作者的信息，繼而回身進入現代聽眾(或讀者)的處境中，把聖經作者的信息帶進這現實的處境中，藉宣講讓經文發揮本身的能力，達到「拔出、拆毀、毀壞、傾覆，又要建立、栽植」(耶一10) 的目的。在整個過程中，宣講者都扮演著媒介的角色。

在信主及事奉這些年間，聽了不少講道（而自己也講了不少），很多時候發覺其中都有兩大通病（自己也都犯過）：一就是對經文的認識沒有深度，二就是對現代聽眾（或讀者）的處境明白不深。所謂對經文的體會不深，並非指對經文的背景、結構、內容和信息主題等的理解不夠；若問題在這裏，要解決它一點也不難，只要有足夠的（而且都是有權威性和有分量的）參考工具就可以了。難是難在對經文的體會：很多時候缺少了那種像阿摩司先知所經歷的，把他一生扭轉過來的震撼和感動（摩三8）。因這緣故，所講出來的道便只是「隔靴騷癢」，起不了作用。歸根究底，講道並不是技巧的問題，而是生命及信仰的流露和表彰。若沒有這被震撼的體會，恐怕講道者只能達到「講道匠」的水平，而不能成為真正的「宣講者」。

對現代人的處境的體會不足，也是構成講道空洞的原因。很多講員（包括自己在內）只顧從經文抽取「屬靈」的意思，然後應用到聽者的「屬靈」的「需要」上去，彷彿聽眾可以輕易地完全脱離這物質世界而進入「屬靈」境界，又彷彿現代信徒就只有「屬靈」的「需要」似的。這樣，人在現實生活中的困難、困惑、困擾等就完全得不到「照顧」。若論修辭，講者可能是天衣無縫，但論意義，則可能完全「欠奉」。講道者的目標，是讓聽者能感受到神的話語如火，又如大鎚般的威力（耶二十三29）。但我們得承認，從我們口中所宣講出來的，很多時候只是軟弱無力的話語，像微風吹拂，使人昏昏欲睡。

因筆者與孫博士有十多年的交往，深知他是一位有原則有立場，而且又嚴謹的學者兼牧者（或牧者兼學者），所以讀到這些講章，心中有一份滿足感。我特別感興趣的是每篇講章前的「解讀經文」部分，這裏所羅列的並非一般性的從釋經書中「搬」過來的資料，而是分析該如何去「詮釋」經文的意義。「詮釋」的重要，是因為這是把資料 (information) 運用以達至「認知」(understanding) 的過程，具體來說是幫助人知道該如何入手去掌握經文的要旨。我相信若小心閱讀，讀者從中必定能夠有豐富的得著。此外，「解讀會眾／處境」(雖然篇幅不長) 部分亦很有心思。這是人的現況和處境的「詮釋」，讓講者能把對經文的體會扎根在聽眾 (或讀者) 的現實景況中，能對症下藥，而不是無的放矢，或顧左右而言他的泛泛之談。

講道如釋經，並非是方法或技巧的問題，很感謝孫博士能現身說法，讓我們都能從他的體會和經驗中，得著幫助和提醒。

羅慶才
鑽石山浸信會

曹序

《宣講之道》是孫寶玲博士繼《從聖經到宣講》和《此時此道》的第三部關乎宣講的著作。

孫寶玲牧師是一位以身力行的傳道者，擁有一顆熱熾真誠的宣講心。這一點可從他過往的宣講學專著和講道集察見一斑。走過二十年的宣講之旅，他希望能將過往所學、所習、所感、所得的集聚成書，與同路人分享和砥礪。這些心路歷程的錄載不是要建聲立名，而是一顆真純的宣講心靈的延展。

在這專著中，孫博士倡議傳道者須「詮釋聖經、詮釋自己和會眾，並他們身處的世代」。他所強調的「詮釋聖經」可說是敘事閱讀(Narrative Reading)的一種。換言之，這是一種後批判的、文學評鑑式的閱讀聖經方式。它特別關注經文佈局所呈現的合一性，留意文本的最後形式，而非去嘗試分析文本的片碎或片段。按照這種理解，經文的解讀包含著敘事邏輯的疏理、聖經觀念的「重新描述」，而不是拘謹地重複聖經的言詞，也不是將歷史作為敘事的實在意義(realistic meaning)的最終依據。

然而，孫博士那以文學評鑑方式來閱讀聖經的方法，不是意謂「歷史性」閱讀與「實在性」閱讀的分割。事實上，他在字裏行間挑戰傳統詮釋論的二分謬誤，那就是將神學與歷史全然分割的桎梏。因此，孫博士的敍事解讀基本上是一種集中在聖經敍事的福音神學。

此外，孫博士所題及的「詮釋自己和會眾，並他們身處的世代」意味著一種「居間性」的宣講目的。那就是：宣講者須對應人的共同處境中的問題和經驗，闡明基督信仰對人的實在意義。因此，宣講必然具有強烈的居間性，須從人類狀況的分析去揭示救贖福音的對應性和應許性。從另一個角度來看，這種「詮釋自己和會眾，並他們身處的世代」可說是生命「見證」的一種。它要揭示人存在狀況中的昏暗和焦慮，呈現生命的有限性（finitude）和超然性（transcendence）的張力，從而見證人們需要上帝救贖的事實。這種詮譯性的見證能夠引發生命的對話，給予生命另類的選擇和實踐的方向。換句話説，在宣講的場所中，聽道者能從上帝的道瞥見活潑的可能性，得取嶄新的視界，共同見證基督敍事所塑造的生命。

總的來説，孫博士的《宣講之道》著實展現了一個從經文到講章的可行之旅；讓我們看見文學評鑑法在經文閱讀上的助益，以及「詮釋自己和會眾，並他們身處的世代」在宣講職事上的重要性。毋庸置喙，孫博士所努力的已成為同行者美好的典範，並且為華人教會的宣講神學作出了重要的貢獻。

深願寶玲那顆宣講的心繼續熾熱下去，被主所用，溫暖更多顆的心靈，感染更多顆真純的宣講心。祈願更多的人同走這道從經文到宣講的旅程，心有所得：詮釋聖經、被聖經所詮釋；詮釋自己和會眾，並身處的世代，也被自己和會眾，並身處的世代所詮釋；最重要的是以身力行地宣講和活出那可道的道。當我們的心是熱熾和真純的時候，當我們的心有所學、所習、所感、所得的時候，道是可道的。

曹偉彤
香港浸信會神學院

自序

自從出版《此時此道》之後，我一直在想怎樣可以進一步與同工、同道和同學分享釋經以至寫講章的過程。撰寫《宣講之道》，就是想呈現這一個旅程。書內每一個單元，就是一個獨立的旅途：從解讀經文和解讀會眾／處境、講章的全文，以至講章的分析。讀者固然可以從旅程的第一站開始，順序體會每個階段的發展和形成；亦可以逕自從講章開始，略過其他的部分。就以學習的立場來説，我建議讀者先閱讀經文和講章。待讀過講章之後，才回看有關經文和會眾的解讀，最後再重閱講章和講章分析。這樣的讀法或形迂迴，卻有助理解、消化和掌握整段過程。

既然這是我的一個旅程，自然免不了個人的狹隘和限制。正如任何旅遊的人不能盡覽所有的景點，我所陳述的經文分析也不能是全備和完整的釋經。事實上，我既不能、也不必重複釋經書的工作。我僅是從經文理出一個輪廓和方向，以邁向宣講的職事，同時希望通過解讀和研經過程中的觀察和揣摩，可以為讀者提供一些參考。同樣，對會眾或處境的解讀也不能免於個人的限制。至於講章的格局和進路，更是我在過去十年研讀和事奉的整合與表達，雖然未必能滿足講台上下的習慣或期望，但應該不乏參考和討論的價值。正所謂「此時此道」，僅此而已。

這本書所收的講章是我去年(二○○三年)在北角浸信會宣講的部分經課講章。只是本書講章的編排並沒有跟隨經課的次序，而是按照類型和經文結合，沒有特別的深意和目的。

第一次接觸北角浸信會時，我還是個神學生，畢業後事奉了一段頗短的時間就轉往另一間教會事奉。那是一九八五年的一個夏天。去的匆匆，沒來得及說再會就消失了。用寫文章打個比方，句子寫了一半，省略號還沒點完就走了。這些年間，不無遺憾。

上帝的工作是奇妙的。繞了一大個圈子，我終於在二○○二年回到北角浸信會事奉。雖然只是個配搭的角色，我卻相信教會給我的這一個邀請，實在是天父賜予的一個機會，一個塑造我、調校我、重建我的恩典。為此，我只有感恩的心。感謝天父、感謝北角浸信會。

《宣講之道》要說的不僅是旅程，也是道的自身。道彰顯於聖經的詮釋和演繹。聖經的學習和研讀，自是不可缺少的功夫。在基督信仰羣體裏，聖經有不可取代的位置。這固然是因為羣體的信仰陳構是源自或建基於聖經的內容；更根本的說，我們認信聖經不啻是見證上帝藉其愛子耶穌基督所成就救贖工作的軌迹，也是上帝對其子民的啓迪。

然而，將這樣的信念實踐在實際的職事處境中，往往不無張力。畢竟，聖經是一本古老的作品集。在遠古和現今之間，有一道真實的鴻溝。我們既渴慕聖經中的真理，也對聖經感到陌生。這矛盾對宣講者而言，是莫大的惆悵。

現代人之所以對聖經感到陌生，是由於時間的差距。其間超過二千年的距離，包含了語言、思想、風俗文化等方面的歧異，更有歷史處境和因由的湮沒與疏遠。現代人要探索和了解經文裏的意義，委實不可以一蹴而就。要了解以致詮釋經文，原文和歷史背景的掌握，自然是少不了的功夫。

當然，並非所有的傳道牧者、神學生或有志研讀聖經的人都具備足夠的訓練以作探索查考的裝備。幸好坊間不少釋經書和單行本都可以為經文背景提供基本的資料；而英文(原創或譯作)的釋經和工具書更可以說是汗牛充棟，一般讀者都可以通過仔細的閱讀而有所掌握。至於漢語出版方面，近年亦見發展。過去十年刊行的釋經書和工具書籍，足以讓有心的讀者知所一二。事實上，在以往幾百年的聖經研究歷史裏，不少學者先賢早就奠下豐厚的根基、結出不少的碩果。只要讀者不滿足於亮光式的「得著」或罐頭式的人云亦云，而願意用時間、花功夫認真地研讀和參考，必能踏上宣講的第一步。

然而，宣講還不止於解釋經文。宣講者的職事是將聖經、自己與會眾連在一起，背後的信念是上帝不斷藉其話語向人啓迪，執著的是上帝從不間斷地在宣講者和會眾的生命裏工作。這個職事的重點是詮釋。宣講者詮釋聖經、詮釋自己和會眾，並他們所身處的世代。

是以謹將此書獻給「同道人」。

目錄

使徒行傳一章15～26節

教會的第一個會議

經文[1]

15那時，有許多人聚會，約有一百二十名，彼得就在弟兄中
間站起來，16說：「弟兄們！聖靈藉大衛的口，在聖經上預言
領人捉拿耶穌的猶大，這話是必須應驗的。17他本來列在我
們數中，並且在使徒的職任上得了一分。18這人用他作惡的
工價買了一塊田，以後身子仆倒，肚腹崩裂，腸子都流出來。
19住在耶路撒冷的眾人都知道這事，所以按著他們那裏的話
給那塊田起名叫亞革大馬，就是「血田」的意思。20因為詩篇
上寫著，說：願他的住處變為荒場，無人在內居住；又說：
願別人得他的職分。21所以，主耶穌在我們中間始終出入的
時候，22就是從約翰施洗起，直到主離開我們被接上升的日
子為止，必須從那常與我們作伴的人中立一位與我們同作耶
穌復活的見證。」23於是選舉兩個人，就是那叫做巴撒巴，又
稱呼猶士都的約瑟，和馬提亞。24-25眾人就禱告說：「主啊，
你知道萬人的心，求你從這兩個人中，指明你所揀選的是誰，
叫他得這使徒的位分。這位分猶大已經丟棄，往自己的地方

1 若無註明，本書所引經文一律是採用《聖經：新標點和合本》（香港：香港聖經公會，1988）。

去了。」[26]於是眾人為他們搖籤，搖出馬提亞來；他就和十一個使徒同列。

解讀經文

對研讀和宣講聖經的人而言，面對經文而知「其然」(實體、意義) 自是重要；不可忽略的是「其所以然」(形式、方法、盛載、策略)。我們要知道，經文的意義並不是抽離現實或任何形式的真理。誠如約翰福音所言，就是「道成了肉身，住在我們中間，充充滿滿地有恩典有真理。我們也見過他的榮光，正是父獨生子的榮光。」(約一14) 從某一個角度講，道之「其然」，必須通過「其所以然」。退一步說，我們之能理解、言說、經驗和體會道，是因為祂以我們能夠辨認的方式和形態與我們相遇。

將這個觀念放在詮釋以至宣講的過程裏，說明了我們不僅要探究經文「說甚麼」，也應該揣摩經文「怎麼說」。因為經文的內容，與其表述的形式和策略有密不可分的關係。經文的「怎麼說」(即其形式或策略) 塑造和導引經文「說甚麼」(即其意義)。忽略了這個關係，往往衍生不適切的期望，從而引發本末倒置的解讀。

經文的文學體裁 (genre) 就是其中一個在詮釋過程中不可忽視的因素。大多數人都會明白，詩歌的文學體裁對經文陳構的提示和限制。閱讀詩篇六篇6節：「我因唉哼而困乏；我每夜流淚，把牀榻漂起，把褥子濕透。」大概沒幾個人會相信，大衛真的灑淚至淚水將牀榻也漂起、把褥子濕透。這是一種文學表達手法。非得這樣，才能表達大衛情緒的濃烈。讀經和解經的人應該不會問，大衛會否因哭慟缺水而死亡；反而因為這種表達，深深體會大衛情感的激動。這說明了經文的「怎麼說」，塑造了經文的「說甚麼」。

聖經裏的敘事經文(narrative text)是另一種指引經文意義的體裁例子。敘述體裁與經文的關係，較詩歌類的複雜。其一是敘述相關的因素牽連甚廣；再來就是神學上的含意。

敘述式經文的解釋，往往不能單聚焦在經文本身，而是必須從敘述更大的脈絡發展來看。簡化一點的講法是，某段經文的故事只是大敘述裏其中一個插曲。要明白或解釋這段經文，必得要全盤地了解和掌握整體(全卷)經文。這個照顧上文下理的要領，其實亦適用於其他類型的經文(例如書信)。但就敘述式的經文而言，還要注意作品的目的、策略和技巧，以及其情節、人物、主題的塑造；當然，我們當注意的還有作品的神學主旨。

我們在詮釋敘述式經文的時候，不能一下子就進入經文，把它看成一個獨立的故事，繼而從中抽取屬靈的教訓，甚至道德的教導。無論那是一段多麼熟悉、〔似乎〕明顯、抑或是讓人不安的經文，它是整體敘述裏的一個插曲。聖經裏的每一個敘述，都有它的目的、主題、策略和特色。作者在敘述的主題、目的和佈局的框架內，既安放每一個插曲的位置和功能，也將插曲與插曲之間的次序、人物和關係串連起來。所以，任何一段敘述經文的了解和詮釋，必須放回在整體裏的敘述看。

這個講法絕不是憑空杜撰的。約翰福音的「耶穌在門徒面前另外行了許多神蹟，沒有記在這書上。但記這些事要叫你們信耶穌是基督，是上帝的兒子，並且叫你們信了他，就可以因他的名得生命」(約二十30～31)，清楚顯示作者是選擇地記述他的資料，目的是要讓讀者相信耶穌並得生命。早期教父同樣有相似的講法。[2]聖經學者的努力亦指出，聖經作品的寫成和流傳，背後實有許多不同時期的傳統。誠如聖經作品的內容、教父的見證，和學者的研究，不約而同地指出，聖經的作者有一定的資料和傳統。我們無法相信聖經的作者只是胡亂地抄寫或複製手上的傳統和資料；他們必定是用心地詮釋、安放和解說，以達至他們寫作的目的。從整體的脈絡和策略去閱讀經文的功能和意義，正是讓我們避免只見樹木而不見森林。

就神學方面而言，敍述體裁予人否定歷史、不真實，甚至虛假的感覺。然而，敍述與歷史並不是互相排斥的。敍述固然可以是虛構的，但亦可以是基於歷史的素材而陳構，目的不在於描述與讀者不相關的史實，而是在於勸說(persuasion)。這就是上文所說的策略。換言之，基於歷史素材的敍述不是歷史，因為其目的並不在於「客觀地」描述歷史(近代學者早已認識到，一般人所說的「歷史」其實也不是完全客觀、沒有價值判斷的)，而是通過歷史的組合和鋪陳，突出作者的主題和目的。上文提及的約翰福音就是一例。

聖經中敍述式的經文或有歷史的容貌，甚至其中不乏歷史的素材，但聖經作者並不是以歷史的縷述為滿足和目的。真的要用「歷史」一詞，也必須說是上帝施行救贖的歷史，而不是人間的歷史。

我們在詮釋敍述式經文時，必須注意和平衡這個吊詭。完全忽略歷史，無疑將道成肉身的信念置疑；但堅持經文

2 例如早期教父帕皮亞(Papias)就馬可福音寫成的講法。參優西比烏(Eusebius)的《教會歷史》(*Historia Ecclesiasticus* 3.39.11)。

是如實歷史的描述，容易陷入本末倒置的解讀裏，同時亦將信仰限制在遠古的時代。基督信仰立根於歷史之內，所以聖經作者的縷述必定是關連歷史的元素，歷史的探索和研究自是不可或缺的一步。不過，我們要時常記得以敍述的整體脈絡和發展了解經文。

就以使徒行傳為例，路加仿照古代歷史的體裁，[3] 撰寫教會自基督升天後的發展。無論他的材料如何，路加的旨趣並不在於書寫歷史，而在於勸說。這是路加福音卷首語（路一1～4）和使徒行傳卷首語（徒一1）所清楚顯示的。

詮釋使徒行傳一章15至26節這段經文，關鍵不是在於難字或難句，而是關注其目的和功能。比方說，這約一百二十人聚會的細節，例如地方、時間、程序等，都不能過於糾纏。事實上，經文亦沒有提供任何資料讓我們斟酌。至於使徒行傳記述猶大的死與馬太福音（太二十七5）所載的分別，更加不是經文中心所關心的。這段經文的中心，乃是隱藏在其背後的問題。我們要探問的是，路加為甚麼要將這個記述放在這個地方。換言之，這段經文的功能和重要性何在？明顯地，我們要掌握這段經文，必須先通過整體敍事的掌握和了解，而不是拘泥於一兩個細節，也不是穿鑿附會地問一些遠古讀者既不會發問，路加也不打算解答的問題。

從使徒行傳的敍述次序看，這段經文是緊接著耶穌和門徒相聚四十日、吩咐使命，以至升天後的記述（徒一1～14）。隨之而來的是五旬節聖靈降臨的經歷（二1～13）。

3 Barbara Shellard, *New Light on Luke: Its Purpose, Sources and Literary Context*（JSNTSS 215, Sheffield Academic Press, 2002）, 17～23。

表面看來，這段經文並沒有太大的意義，它是在耶穌升天後和聖靈降臨前的一個空間、一段插曲。然而，這不是一段可有可無的插曲，因為這個空間不僅是時間上的空間，也是神學上的斷層。

在路加福音的卷首語裏（路一1～4），作者向提阿非羅表示其寫作目的，是要藉著資料的搜集和整理，再通過按照次序的縷述，使後者知道所信的是確實的。從路加福音的內容可見，作者所言的次序是指上帝工作的次序和計劃。上帝從舊約眾先知的宣講和事蹟，一直到祂的愛子耶穌，無非是推展和廣施其救恩。這個救贖軌迹是連續的，所以耶穌的工作和使命就是成就「律法和眾先知」所指涉的和所預言的。這個救贖軌迹是不間斷的，就是在耶穌的職事裏，祂也選召了十二位使徒，與上帝子民的十二支派呼應（路九1）。這十二門徒甚至有權柄審判以色列的十二支派（路二十二29～30），他們正是履行耶穌升天後使命的代表。這個連續性正是見證上帝的工作、上帝在耶穌裏並通過教會的工作。

如果上帝在耶穌的生平和職事裏的救贖是如此重要，如果耶穌的跟從者秉承耶穌的職事，那麼猶大作為十二門徒的一分子，其出賣耶穌並死去，就絕不是個人意向選擇和後果自負的小問題。猶大的離去和死亡是個大問題；這不是人事更替的空間，而是信仰上的空間、神學上的斷層。究竟上帝工作的連續性和計劃，如何與耶穌自己的門生離去這現實協調？這是早期教會面對的難題，路加所針對的正是讀者心中的疑竇。顯然，路加不是寫教會的歷史（history），而是繪畫教會之主的足迹（His-story）。路加所縷述的不是教會的記錄，而是見證上帝的帶領。路加的敍述就是疏理這些關係信仰和生命的問題。所以，詮釋的關鍵就是探索經文在敍述裏的功能和作用。

解讀會眾／處境

這是復活節期最後的一個主日，也是五旬節前的一週。復活節已經是個多月前的過去。無論復活節的信息如何振奮人心，前面的路卻是遠了些、模糊了些。而會眾所面對的卻是真實、充滿糾結惱人難題的當下。

一如路加筆下的這個敍述是耶穌復活、升天，並向門徒囑咐後的一段插曲。復活、升天等都已經是過去的事，無疑前面還有當跑的路，只是當下仍有難解、難堪的問題。早期教會怎樣面對這些難題？我們的會眾怎樣理解和面對這些空間和斷層？都說上帝掌管、帶領祂子民的道路，但是當下的難處，不是更真實、更讓人困擾嗎？這不僅是使徒行傳裏早期門徒所面對的難題，也是我們所要面對的難題。我們驀地發覺，路加的縷述不僅是在勉勵提阿非羅，也包括閱讀使徒行傳的我們。

講章

教會的第一個會議

徒一15～26

I

今天是復活節後第七個主日，也是復活節期裏最後的一個主日。當復活節隨著時間的消逝愈見模糊，我們的心容易愈形消化。當復活節的氣氛漸歸平淡，我們的眼目也就轉趨現實。在疑惑、沮喪和不確實的日子，我們更可能懷疑一直所受的教導、甚至所信仰的，是否真的是如此可靠。

在基督教會歷史的長廊裏，免不了有人在角落裏嘮叨：「我怎知道我所學的，不是道聽途說的虛謊傳言。我又如何肯定我所信的，不是一廂情願的寄託？」如果這是二千年來教會的寫照，這也更一定是地方教會和個人生活糾纏的經驗。教會以至個人屢經生活的起跌，並人事的變動和轉折，固然不缺喜笑的時候，但哀苦的日子也是不少。都說教會是上帝的家，我們是上帝的工程，可在變幻愁煩的時候，這又如何不叫人疑惑？

II

類似這樣的疑竇，可以說是由來已久。事實上，路加寫作路加福音和使徒行傳其中一個目的，就正是要回應這樣的聲音：

> 提阿非羅大人哪，有好些人提筆作書，述說在我們中間所成就的事，是照傳道的人從起初親眼看見又傳給我們的。這些事我既從起頭都詳細考察了，就定意要按著次序寫給你，**使你知道所學之道都是確實的**。（路一1～4）

路加這個寫作目的，引導我們閱讀和欣賞他的福音書和行傳。忽略了這點，我們對他所記載的，既會有不明所以的感慨，甚至更可能引伸張冠李戴的錯謬。比方說，在路加福音的末段，耶穌應許祂的門徒將要領受聖靈：

> 我要將我父所應許的〔聖靈〕降在你們身上，你們要在城裏等候，直到你們領受從上頭來的能力。耶穌領他們到伯大尼的對面，就舉手給他們祝福。正祝福的時候，他就離開他們，被帶到天上去了。他們就拜他，大大地歡喜，回耶路撒冷去，常在殿裏稱頌上帝。（路二十四49～53）

緊接著福音書的結語，使徒行傳第一章就再申述耶穌的應許：

> 耶穌和他們聚集的時候，囑咐他們說：「不要離開耶路撒冷，要等候父所應許的，就是你們聽見我說過的。約翰是用水施洗〔或浸〕，但不多幾日，你們要受聖靈的洗。……但聖靈降臨在你們身上，你們就必得著能力，並要在耶路撒冷、猶太全地，和撒馬利亞，直到地極，作我的見證。」（徒一4～8）

正因福音書的結尾和使徒行傳的卷首語都強調耶穌的應許，讀者自然翹首期望聖靈的降臨。但在應許聖靈降臨和聖靈降臨之間，路加卻加插了一項人事變動的議事程序。這段插曲與聖靈沒有甚麼關連，似乎可以視之為多此一舉，甚至是畫蛇添足的「反高潮」(anti-climax)——教會的第一個會議。

III

可當仔細閱讀經文的時候，我們猛然發覺路加的記述實在是意義深長。路加所載的十二門徒名單，缺少了猶大一人。這不是一件小事情。因為在耶穌最親密的同工／門徒中，竟有一人離祂而去，更正確地說，是出賣祂去了。這不僅僅是轉換工場的選擇，也不是政治陣營或取向的改弦易轍。我們所說的，是**十二門徒**。十二門徒獲賜予權柄和能力宣講和醫治(路九1)；十二門徒甚至有權柄審判以色列的十二支派(路二十二29～30)；十二門徒代表了新的選民，表述了上帝的工作、旨意，甚至審判。猶大去了，只剩下了十一個。這是極大的事情。就教會以外來說，這是個笑話；對教會內部而言，這是傷痛和震驚。你怎麼解釋這個打擊？怎樣理解這個似乎不再完整的組合？你怎麼還能說上帝在他們中間，而他們又是表述上帝的工作和旨意的呢？看著教會二千年來的歷史和起伏，我們如何解釋這個支離破碎、千瘡百孔的組合，說她是基督的身體、上帝的子民？

看來路加所記述的，不是人事變動的議程；他所處理的是觸及信仰核心的問題。他要讓他的讀者知道「所學之道都是確實的」。

路加以兩個「必須」(徒一16、22)向讀者強調，猶大之離去並不能阻礙上帝的工作和計劃。儘管猶大和相關的事情讓人感到困擾、愁苦和震驚，但教會仍然要學習信靠上帝。門徒的組合是破碎了，但教會必須相信上帝定將重新整頓祂的隊伍繼續前行，完成所領受的使命。

這是所謂「教會的第一個會議」的背景。這不是一個人事更替的議決，而是必須在書卷起首就要處理的信仰問題。這不是人事變動必然帶來情緒波動的描述，而是邀請讀者認識一切更替的背後，是上帝的眷顧和帶領。路加要讓他的讀者知道「所學之道都是確實的」。

明顯地，這段經文不在於討論基督徒是否可以在決定的過程中抽籤。〔退一步說，就以這段經文為掣籤的根據，背後其中還不乏幾個重點：候選人的條件(一21～22)，提名的過程(一23)，禱告(一24～26)。〕

這段經文的旨趣甚至不在於討論門徒的恩賜、品格和素質，儘管我們必須肯定這方面的重要性。比方說，十一個門徒中，有哪一個的品格是沒有瑕疵的呢？你看，在經文裏站起來說話的是西門彼得。可大家都知道彼得的履歷。他是最會講話的，但也是在主耶穌被賣的那一夜，三次不認主。雅各和約翰兄弟又如何？按路加福音的記載，當耶穌往耶路撒冷去，經過撒馬利亞的時候：

> 〔耶穌〕便打發使者在他前頭走。他們到了撒馬利亞的一個村莊，要為他預備。那裏的人不接待他，因他面向耶路撒冷去。他的門徒雅各、約翰看見了，就說：「主啊，你要我們吩咐火從天上降下來燒滅他們，像以利亞所做的嗎？」耶

穌轉身責備兩個門徒，說：「你們的心如何，你們並不知道。人子來不是要滅人的性命，是要救人的性命。」說著就往別的村莊去了。（路九52～56）

其餘的門徒又如何？在主耶穌被賣的夜裏，就在主餐過後，

門徒起了爭論，他們中間哪一個可算為大。耶穌說：「外邦人有君王為主治理他們，那掌權管他們的稱為恩主。但你們不可這樣；你們裏頭為大的，倒要像年幼的，為首領的，倒要像服事人的。是誰為大？是坐席的呢？是服事人的呢？不是坐席的大嗎？然而，我在你們中間如同服事人的。……」（路二十二24～27）

我們無法不承認，沒有一個門徒是模楷。那剛被選上的馬提亞又如何？整部新約聖經記載馬提亞的就只有這個地方。在典外文獻中，我們也沒法找到有關他的資料。我們不知道他的恩賜如何，我們不知道他的素質如何，我們只知道他是上帝手裏的一個器皿，是繼續描畫上帝教會歷史的一支顏料。

IV

我相信，這是我們繼續在教會裏崇拜的原因。教會的主就是上帝自己，是祂整頓、帶領和推動教會前進。我相信，這是我們要繼續在教會裏事奉、彼此服事的原因，因為教會是耶穌基督的身體。無論有怎樣的變幻和更替，基

督總是會愛惜自己的身體。為此原因，我相信我們可以張開懷抱，迎接上帝的帶領和指引。

講章分析

經文的功能和目的，就是這篇講章的主線。講章嘗試將路加呈現早期教會的困惑與會眾的困惑類比，將經文與會眾結合(I)。講章順序指出路加的寫作正是要疏解讀者的疑惑，同時亦為解讀使徒行傳提供了座標方向(II)。講章自路加福音整體指出十二門徒的意義，從而突出經文所針對的問題，正是讀者的其中一個疑惑。講章繼而引伸幾個旁支(選舉、使徒的品質)，進一步指向經文的中心——上帝是教會的希望和安全所在(III)。最後，講章以簡短的表述(IV)帶出講章的中心，也是經文(徒一15～26，甚至全卷使徒行傳)的主旨。

全篇講章是順序依次地發展，藉著疏理敍述的疑竇而推向高潮。最後部分(IV)的簡短篇幅是基於兩個原因。第一，這個主旨是經文的「潛台詞」，本身並不明顯。第二，這樣的編排既合乎經文的敍述，亦有取得「原來如此」、「恍然大悟」的效果。

使徒行傳二章1～13節

這是甚麼意思呢？

經文

1五旬節到了，門徒都聚集在一處。2忽然，從天上有響聲下
來，好像一陣大風吹過，充滿了他們所坐的屋子，3又有舌
頭如火燄顯現出來，分開落在他們各人頭上。4他們就都被
聖靈充滿，按著聖靈所賜的口才說起別國的話來。5那時，
有虔誠的猶太人從天下各國來，住在耶路撒冷。6這聲音一
響，眾人都來聚集，各人聽見門徒用眾人的鄉談說話，就甚
納悶；7都驚訝希奇說：「看哪，這說話的不都是加利利人嗎？
8我們各人怎麼聽見他們說我們生來所用的鄉談呢？9我們帕
提亞人、米底亞人、以攔人，和住在美索不達米亞、猶太、
加帕多家、本都、亞細亞、10弗呂家、旁非利亞、埃及的人，
並靠近古利奈的利比亞一帶地方的人，從羅馬來的客旅中，
或是猶太人，或是進猶太教的人，11克里特和阿拉伯人，都
聽見他們用我們的鄉談，講說上帝的大作為。」12眾人就都
驚訝猜疑，彼此說：「這是甚麼意思呢？」13還有人譏誚說：
「他們無非是新酒灌滿了。」

解讀經文

無疑，敍述式經文目的不在於描述客觀的歷史。但基督教的信仰是歷史的信仰，她的根源、發展和繼承都是在歷史的泥土裏孕育和長成的。對基督信仰的理解和詮釋，就不能置歷史於不顧。儘管敍述不一定描述客觀的歷史，但經文的特色和陳構往往是承襲自猶太信仰的文化和資源，非通過歷史的探研是不能夠明白和欣賞的。

以使徒行傳二章1至13節為例，這段經文是承接耶穌升天前的命令和應許（徒一1～14），並把疑竇理順（一15～26）。隨這段經文之後而來的，就是聖靈降臨後教會的發展。這個敍述在使徒行傳整體的功能和重要性不言而喻。然而，這個敍述的重要性是有幾個層次的。若不能掌握這些不同的層次，經文的了解和詮釋就必定有所欠缺。

第一個層次是五旬節。這是源遠流長的節期。就節期的日期和背景而言，這是可以溯源的事實。對於遠古的猶太人而言，這是個重要的節期。這解釋了為何有這許多旅居海外的猶太人（包括對猶太信仰有好感的外邦人）在耶路撒冷朝聖聚集。

第二個層次是五旬節的起源和意義，其中蘊藏了複雜和豐富的資源。在猶太信仰本身的傳統裏，早已累積了不少對五旬節的來源和意義的多層詮釋。這些多元的傳統非但不是相互排斥，反而是加深了我們對五旬節的了解，豐富了第三個層次，也就是我們對使徒行傳所記述的五旬節的詮釋。

第三個層次是使徒行傳所記述的五旬節。路加並沒有將五旬節的起源和意義與某一個傳統鎖定，為這個層次留下了重要的詮釋空間。

雖然路加沒有清楚鎖定某個特定的詮釋傳統，他卻以聖靈為駕馭這個敍述的主題。我們可以說，在路加的敍述裏，聖靈與五旬節的應許和期望得以巧妙地結合起來。換言之，上帝從遠古以來向人所施的恩惠，透過耶穌所應許的聖靈終究實現了。

在路加的描繪下，還有一些值得詮釋者思考的細微筆觸。聖靈無疑是敍述的中心，但路加對聖靈的描寫還是很小心的。路加兩次用了「好像」或「如」(二2、3)，描述聖靈降臨的形像，他的用心是「創建」(poetic)、不是「約化」(reductive)。也就是說，路加不以為使徒行傳所述的就是聖靈降臨的必然模式或形像。路加的語言是創建的，因為從天上來的風必然使人想起上帝的靈；而舌頭如火燄同樣使人回憶上帝在舊約中的應許(約珥書)，同時呼應接下來門徒說起方言一事(「方言」直譯是「其他的舌頭」)。

我們甚至可以說，就連聖靈降臨所衍生的果效，也是創建的啟迪而不是約化的公式。這是說，如果聖靈降臨不一定如風、如舌頭，我們也不必假定蒙聖靈降臨的個人或羣體必然講方言、或招聚大批羣眾。事實上，這裏所說的方言，與保羅在哥林多前書所說的方言是不同的(林前十二1~11，十四1~25)。使徒行傳這裏所說的，明顯是別人聽得懂的語言，而保羅在書信裏所說的是個人私下的信仰經驗。按路加所述，聖靈臨在的證據，是能說出別人懂得的話語。至於這是怎樣的話語，它可以是地區的方言、小孩子的語言、樸實簡單的語言、深奧的哲語，甚至手語、凸字、文化或次文化的體會等語言。

如果路加的記述不是約化和客觀的描述，那麼這段經文就與每一個讀者(包括現代的讀者)有關了。聖靈的經驗並不一定只是過去的。因為路加所縷述的，並不是一個與我們無關的過去歷史，而是會發生在我們生活裏的經歷。從某個角度看，五旬節的經歷實在就是一場「預演」，邀請每一代相信上帝會藉著聖靈工作的人經驗的敘述。但聖靈的降臨亦不一定是驚天動地、奇特異常的經歷。聖靈的降臨「如大風」、「如火燄」，但上帝的聲音和臨在也可以是「微小的聲音」(王上十九12)。聖靈的降臨絕對可以是溫順安靜、平常不過的寧靜。聖靈可以降臨在門徒和偉大的基督徒身上，同樣臨在普通信徒的生活裏。

解讀會眾／處境

預備五旬節主日的宣講，面對這段既熟悉卻又陌生的經文。會眾會怎樣讀這段經文？對大部分會眾來說，使徒行傳的敘述是不是僅屬過去或別人的經驗？會眾是渴慕類似的經驗，還是抗拒這個經驗？如果他們抗拒，那是為甚麼抗拒？如果他們渴慕，那又是甚麼原因？

無論如何，這是一個記載在我們聖經裏的敘述。有時候，我真覺得我們對這段經文的感覺，就如敘述裏周遭的人的呢喃：「這是甚麼意思呢？」它與我的生活有何關係？在我們身處的時代，可以談聖靈降臨嗎？在這個聖靈就等如「能力」、「神蹟奇事」、「羣眾」的時代，聖靈降臨還有其他可能性嗎？聖經是怎麼說？聖靈是降臨在怎樣的人身上？在這個五旬節主日，我決定與會眾進入使徒行傳的敘述。

講章

這是甚麼意思呢？

徒二1～13

五旬節主日

I

使徒行傳第二章的記述，在基督教會裏的重要性不必贅言。首先，這是耶穌在離開門徒前所作的應許。當耶穌所應許的聖靈就如路加所述，降臨在門徒身上，他們就成為一個有能力的羣體，並且開始了前所未有的職事——福音從耶路撒冷、猶太全地和撒馬利亞，一直傳到地極。

使徒行傳第二章在教會的重要性，一直到今天仍然可見。在復活節期七個星期之後的第八個星期日，就是教會年裏的五旬主日；這是猶太節期中惟一仍然存留在基督教會裏的節日。

然而，使徒行傳這個記述卻是不易理解的。比方說，我們應該怎樣理解路加就聖靈繪形繪聲的描述？

> 忽然，從天上有響聲下來，好像一陣大風吹過，充滿了他們所坐的屋子，又有舌頭如火燄顯現出來，分開落在他們各人頭上。（徒二2～3）

又好比說，我們如何解釋門徒說起不同的語言？「他們就都被聖靈充滿，按著聖靈所賜的口才說起別國的話來。」

(二4)那些從各國各地來的人，又是怎麼一回事呢(二8～11)？究竟路加記述的目的何在？

誠然，我們可以單按字面了解。換言之，約兩千年前的一個五旬節日早上，耶路撒冷城的一個房子裏，發生如路加所述的事……不過，就像聖經其他經文一樣，我們可以不必拘泥字面的侷限，反倒要進深了解其中的意義。

II

有研讀聖經的人指出，上帝的靈的工作並不始於使徒行傳。就如聖經的第一卷書創世記就記述：「**起初，上帝創造天地。地是空虛混沌，淵面黑暗；上帝的靈運行在水面上。上帝說：『要有光』，就有了光。**」(創一1～3)正如上帝的靈能在混沌中開創秩序和光明，祂的靈也在混亂和迷失的羣體中創造光明和秩序。

也有研讀聖經的人注意，創世記表述上帝創造人類的時候，向人吹了一口「氣」(靈)。一如使徒行傳裏上帝的靈像大風吹過，更新門徒羣眾，創造了新的羣體。不僅如此，在以西結書三十七章裏，上帝的靈使古戰場上的枯骨復活，成為一支強大的軍隊，正像聖靈使門徒得著宣講的力量勇氣。

與此相似的是創世記的另一個記載。在創世記中，巴別塔的記述似乎與使徒行傳的記載作逆轉(reversal)的呼應：在巴別塔的敍述裏，上帝將人的語言混亂，使他們分散，破解了他們的驕傲。在使徒行傳裏，上帝的靈卻透過不同的語言，使人能聚合在一起。

舊約先知約珥書描繪在終末時上帝子民的景況是「**說預言……做異夢**」(珥二28)，讓讀經的人體會使徒行傳似要說明，耶穌的工作已帶來上帝掌權的終末時代。

當然，五旬節的背景本身也可能提供了記述的意義。五旬節是猶太人記念上帝將五經律法賜予以色列民族。路加的記述說明，上帝賜下的是聖靈，不是律法。基督徒信仰生活的準繩，也在於聖靈而不是律法。

最後，有研經者認為在記述中各國各地的人，說明了信仰不應只是個人的經驗，教會應有廣闊的胸襟和視野。

III

無論是上述哪一個講法和意義，這段經文意義的實踐，關鍵還是在於最後兩節：「眾人就都驚訝猜疑，彼此說：『這是甚麼意思呢？』還有人譏誚說：『他們無非是新酒灌滿了。』」(徒二12～13) 聖靈降臨的意義，對於記述中的旁人和今日的讀者，都是一致無異的。「究竟我們是否仍然相信上帝是行事的上帝？究竟我們是否相信上帝仍然會以祂的靈，澆灌祂的子民呢？」還是我們會一笑置之：「無非是新酒灌滿了。」

談到聖靈，我們還得注意，路加並沒有將聖靈的彰顯和工作簡化成一條方程式。在這段記述裏，注意路加說聖靈「好像一陣大風」、「舌頭如火燄」，他異常審慎的筆觸，似乎不願意將聖靈的工作限制在畫框裏、釘在牆壁上。

為此，我必須承認我對部分基督徒的看法甚有保留。有些基督徒認為必須以某種方式叫嚷，才是說明聖靈的同在。有人以為用某種方式敬拜讚美，就是聖靈降臨的明證。也有人相信必須以某種方式禱告喊叫，才是聖靈澆灌的印記。有人宣稱大聲說「阿們」、「哈利路亞」就是聖靈的力量。甚至有人堅持跌倒(「被聖靈擊倒」)是聖靈充滿的表現。

我必須承認我所知道的和所經驗的並不多。但從閱讀聖經和教會歷史裏，我清楚知道，從來沒有任何一個人可以完全掌握和描述聖靈的位格和工作。耶穌在約翰福音中對尼哥底母的一段話足堪細味：「風〔靈〕隨著意思吹，你聽見風的響聲，卻不曉得從哪裏來，往哪裏去。」（約三8）

IV

在上帝曉示的歷史裏，誠然不缺驚天動地和刻骨銘心的經歷。強風、雷電、煙火等等，都是不少記述中的場景。但有更多的時候，上帝的彰顯和聲音，卻是那麼安靜微小。事實上，人必須非常靜心細意，才能有所體會。

多年前在歐洲某一個地方。一天下午，一位教授正在書房裏為明天的講課作準備。他的佣人送來了一疊的函件。在拆閱和整理函件的時候，他的眼目落在一本雜誌，一份原來不是寄給他，不過因為誤投而被送到他手裏的刊物。他看到了一篇名為「剛果宣教的需要」的文章。

不經意地，他讀到以下一段文字：「這裏的需要很大。我們需要有人在剛果中部的北端工作。在寫這篇文章時，我禱告上帝會將祂的手按在祂選擇和呼召的那人身上。」這位教授把雜誌合起來，在他的日記裏寫下：「我的尋覓已經完結了」（My search is over）。他決定將自己的生命，完全放在剛果的宣教事工上。

這篇的短文，刊在一本原來不是寄給他的雜

誌上。上帝卻用這篇文章，呼喚這位教授——史懷哲（Albert Schweitzer）。

當然，上帝的靈不僅僅是在偉大的人身上工作；上帝的靈也不單單是推動偉大的事工。上帝的靈同樣在像你我般平凡的人身上工作，上帝的靈同樣推動普通和日常的工作。上帝的靈在我們生活的每一個環節裏都工作。當我們體會這點，讓聖靈帶領和掌管我們時，我們已經是被聖靈澆灌的了。也是如此，我們就會以完全不同的角度看待生活、自己和別人。

你正等待著考試放榜。你憂慮、害怕，不知道這會是個怎樣的結果，也不知道如何去面對。想著，你就只有恐懼。每天你活在恐懼和擔憂裏。可在某一天，也許是一首詩歌、一節經文、別人的一句話，甚至是一齣電影，突然使你覺悟到，你將來的生活和生命並不是一個公開考試的結果可以決定的，你所相信的上帝，更不是這個考試結果所限制的。當下，你豁然開朗，如釋重負。我說，你是被聖靈啟迪和澆灌了。

你長久以來在黑暗的角落煎熬自己，終日在怨憤、惱怒和苦毒的泥濘中糾纏。於你來說日日都是陰天，處處都是牛角尖。可有一天，你忽然發覺這並不是上帝賜予你的生命。你似乎在剎那間看到了黎明，聽到了雀鳥歌唱。我說，你是被聖靈啟迪和澆灌了。

V

自從大女兒升上中學四年級之後，就感到沉重的壓力。課業上固然有許多需要應付的地方，加上校內的課餘活動和教會的事奉，她總感覺她的生活最是灰暗和艱辛。無論我們怎樣勸導，還是不見功效。剛過去的週末，我們在家裏閒聊的時候，女兒突然說：「我以為我辛苦，原來比我更辛苦的同學多的是。像有些同學要在太陽還沒升起的時候就得去『練水』(練習游泳)，有一些同學要在快餐店部分時間工作，更有同學是來自單親的家庭……」我相信這些瞥見，使她對自己的生命並其中的恩典和責任有新的體會。我還記她說的時候，嘴角是微笑的。

我心裏相信，這些瞥見是來自聖靈的啟迪。

然而，犬儒如我，在十分鐘過後，不免懷疑地說：「這是甚麼意思呢？她不過是新酒灌滿罷了。恐怕在高考的時候，她還是會愁苦一翻的。甚至在更遠的將來，不免會重蹈這些困難。若是如此，我又何喜之有？」可我再想，不僅是像女兒般的青少年人，我們成年人不也是如此？我們豈不是也曾有振奮激昂和真摯被觸動的日子？那是在初信、受浸、新婚、新工上任時，我們不是也有許多的憧憬和感動嗎？

「這是甚麼意思呢？不過是新酒灌滿了。」問題是，我們是否相信上帝今天仍然作工，仍然要將祂的靈賜予祂的子民。若然，我想我們必須常常祈求說：「永生上帝的靈，來澆灌我。碎我、熔我、陶我、用我。懇求永生上帝的靈來澆灌我。」

講章分析

講章一開始就指出這段經文的重要和詮釋的需要(I)，隨即用了相當的篇幅介紹五旬節的背景和意義，並學者提出詮釋的可能性（II）。對於不太熟悉經文背後傳統的會眾而言，這些功夫是必須的，正如我在經文詮釋部分曾指出的。在早期教會裏，五旬節的意義相當豐富。單單知道五旬節是在甚麼時候既不足夠，也未能對經文有深入的掌握和詮釋。

講章進入集中思考聖靈降臨對現代讀者的意義（III）。這部分基於經文語言的掌握，評述幾個聖靈降臨的講法，進而提出聖靈降臨的其他模式（IV），並藉史懷哲的經歷作說明。因為講章強調聖靈並不一定是以明顯的方式在不平凡的人身上工作，隨即以幾個片段補充說明。最後（V），講章藉女兒的經歷轉入另一個角度，也是經文敍述角度轉向帶來的閱讀挑戰。在前四部分，講章似以會眾代入渴慕和經歷聖靈降臨的角度；但講章的末段，猶如經文的最後，將閱讀的責任放在旁觀者身上。如此，講章（經文）就在澄清聖靈降臨的功能上，加添了一個實踐的角度。這樣的結束既是符合經文的敍述，也是刻意的鋪陳：將懷疑轉至挑戰，最後至禱告，也是邀請會眾向上帝開敞自己和別人的生命。

使徒行傳八章26～40節

你所念的你明白嗎？

經文

[26]有主的一個使者對腓利說：「起來！向南走，往那從耶路撒
冷下迦薩的路上去。」那路是曠野。[27]腓利就起身去了，不料，
有一個衣索匹亞〔就是古實，見以賽亞十八章一節〕人，是個
有大權的太監，在衣索匹亞女王甘大基的手下總管銀庫，他
上耶路撒冷禮拜去了。[28]現在回來，在車上坐著，念先知以
賽亞的書。[29]聖靈對腓利說：「你去！貼近那車走。」[30]腓利
就跑到太監那裏，聽見他念先知以賽亞的書，便問他說：「你
所念的，你明白嗎？」[31]他說：「沒有人指教我，怎能明白呢？」
於是請腓利上車，與他同坐。[32]他所念的那段經，說：他像
羊被牽到宰殺之地，又像羊羔在剪毛的人手下無聲；他也是
這樣不開口。[33]他卑微的時候，人不按公義審判他〔原文是他
的審判被奪去〕；誰能述說他的世代？因為他的生命從地上
奪去。[34]太監對腓利說：「請問，先知說這話是指著誰？是指
著自己呢？是指著別人呢？」[35]腓利就開口從這經上起，對他
傳講耶穌。[36]二人正往前走，到了有水的地方，太監說：「看
哪，這裏有水，我受洗有甚麼妨礙呢？」[38]於是吩咐車站住，
腓利和太監二人同下水裏去，腓利就給他施洗。[39]從水裏上

來，主的靈把腓利提了去，太監也不再見他了，就歡歡喜喜地走路。[40]後來有人在亞鎖都遇見腓利；他走遍那地方，在各城宣傳福音，直到凱撒利亞。

解讀經文

前面曾說過，處理敍述式經文要從整體著眼。我們不應將任何一段的敍述經文，看成德育或屬靈故事，而是將經文放在更大的脈絡和內容中，揣摩經文的功能和角色，從而掌握其意義。

詮釋敍述式經文，首要著重其敍述的發展和脈絡。另一方面，正如書信類經文以理據的鋪陳和修辭而推論出作者的觀點，敍述式經文往往是通過敍述裏人物的互動、場景、時間和情節的發展而達致其效果。使徒行傳八章26至40節就是一個例子。

從使徒行傳發展的脈絡看，這段記載是置於腓利在撒馬利亞傳道之後（徒八1～25），而撒馬利亞傳道的記載，是本於使徒行傳卷首的應許：「但聖靈降臨在你們身上，你們就必得著能力，並要在耶路撒冷、猶太全地，和撒馬利亞，直到地極，作我的見證。」（一8）從第一章開始，使徒行傳的讀者就知道福音的的廣傳不會受民族的界限所阻隔。然而，民族以外的界限又如何？身體不潔淨、不完全的人也分享這個喜信嗎？若然，傳道者怎樣和他們分享這個福音？

從這樣的脈絡看，太監的出現和曠野的場景是饒有深意的。猶如曠野荒蕪死寂，太監無以為後的生命（按古代人的看法）同樣是孤單可憐的。現代的讀者當然不會不知道太監一詞的意思。然而，現代讀者卻未必一定知道太監在猶太信仰和社會文化裏的地位。

根據舊約律法書，太監因為身體的缺憾，被視為是不完整、沒有身分的人。無論他是否權貴或富裕，他在猶太信仰和制度中還是沒有地位的。他因為身體的不完整，不能進入聖殿敬拜(申二十三)。簡言之，他是個邊緣人。這方面的歷史文化背景，益發突顯在這個敍述中的矛盾。誠然，在使徒行傳中這太監之敬拜上帝和他的限制，存在一定的張力。一個去聖殿敬拜卻不能獲准進入聖殿敬拜的人，這不啻是個諷刺，也是個悲劇。也正因為這個原因，敍述至終的疏解所帶來的震撼也愈更強烈。

從太監讀以賽亞書、腓力的介入並詮釋和應用這段經文，轉進太監的反應，最後太監以接受水禮歸入上帝的家庭，並歡歡喜喜的走路結束。敍述的處理是圓滿的，但敍述背後的文化歷史背景，卻強化了太監的感慨和無奈。太監所讀的經文源出自以賽亞書五十三章7至8節，為一段表面是描述受苦僕人無以為後的經文。這是太監所身同感受而又困惑的一段經文。腓力的出現，正是藉這段經文的詮釋引進耶穌基督所帶來的生命。

經文就是以人物的勾畫和互動發展其信息，其中又以太監為敍述的中心。至於福音使者腓力的來和去：

> 有主的一個使者對腓利說：「起來！向南走，往那從耶路撒冷下迦薩的路上去。」那路是曠野。從水裏上來，主的靈把腓利提了去，太監也不再見他了，就歡歡喜喜地走路。後來有人在亞鎖都遇見腓利；他走遍那地方，在各城宣傳福音，直到凱撒利亞。（徒八26、39～40）

經文沒有著墨太多，但都是主的帶領（徒八26、39）。與此相似的是腓力講述福音的細節，《新標點和合本》只有「對他〔太監〕傳講耶穌」幾個字，並沒有詳細的傳講內容。相比同樣是使徒行傳的記載，保羅在亞略巴古的宣講（十七22～34）就詳盡得多了。顯然，腓力傳講福音的內容和技巧並不是敍述的重點所在。敍述所呈現的是曠野裏的太監。路加希望他的讀者所看見的，也是這個在曠野裏的太監。

解讀會眾／處境

今天的會眾大概不會見到太監了，但他們一定曾經遇見那些對將來毫無憧憬和信心的人。這些朋友可能因為身體的條件、成長的背景或其他種種的因素而惆悵感慨。他們的的確確是身處在曠野；不是沙漠的曠野，而是人生的曠野，了無生機和希望的生活。他們所呼吸的盡是讓人窒息的熱氣，他們所看見的只是因缺水而死亡的動物殘骸骨架。

他們需要福音。

然而，誰向他們傳福音？怎麼傳？我們所熟悉的、所受教的「福音」，究竟是福音的本身，還是代用品？究竟是方法、還是內容？

這是一個在早期教會中傳頌的動人敍述，但這也是一個遠古的敍述。要讓這個敍述進入我們的生命裏，或說我們要進入這個敍述裏，我們就必須要帶著想像力。

講章

你所念的你明白嗎？

徒八26～40

I

都說路加福音和使徒行傳的作者路加是個醫生。可我愈讀他的作品，愈感覺他不僅僅是個醫生。比方說，我就認為他極可能是位音樂愛好者。因為他似乎是在四卷福音書裏，最重視歌唱、讚頌的作者。這在路加福音的頭兩章中，就可以看出端倪來。

馬利亞自天使所報的信息，得知即將受聖靈感動而懷孕後，她唱出了「尊主頌」(*Magnificat*，路一46～55)。施浸約翰出生後，他的父親撒迦利亞就唱頌「祝福頌」(*Benedictus*，路一68～79)。我們當然不會忘記天使向曠野的牧羊人報信之時所唱的「榮耀頌」(*Gloria*，路二14)，而牧羊人隨後也就唱著回去。當約瑟和馬利亞在聖殿奉獻耶穌的時候，老西緬唱的是「西緬頌」(*Nunc Dimittis*，路二29～32)。當然，我們到今天還在唱的，必定不會是路加所熟悉的調子。但我們可以說，路加的作品是很有音樂的啟發性。

就以我們在崇拜裏用的《世紀頌讚》(香港：浸信會出版社，2001)詩集來說，有關聖誕節的詩歌一共收錄了二十九首，其中二十二首的內容是本於路加福音的。以經文為內容的詩歌，除了舊約的詩篇，就是路加的作品。這現象或多或少反映出路加寫作的特色。在他的作品裏，羣眾唱、門徒唱、教會在唱，就是保羅和西拉坐牢的時候也在唱(徒十六16)。事實上，他是四卷福音書裏惟一用「讚美、唱頌」一詞的作者(路二13、20，十九37，二十四53；徒二47，三8、9)。

II

當然，路加的音樂性不足以讓他的作品成為新約全書的一部分。路加的作品之所以被收錄在新約裏，不能僅因為他是音樂的愛好者，或他的作品很具音樂方面的啟發性。路加必須具備更多信仰的質素。

在新約全書裏，路加是其中一位最能理清聖靈的角色和工作的作者。不少研讀聖經的人都認為，路加之所以寫作使徒行傳，其中一個目的就是要向教會説明，聖靈在教會裏的工作和帶領。難怪有人説，使徒行傳是「聖靈行傳」或「聖靈福音」。

此外，路加也擅長將信仰與現實、甚至歷史連繫起來。比方説，當路加福音寫成的時候，凱撒奧古斯都已經不在位。然而，希羅世界裏的人都不會忘記凱撒奧古斯都統治羅馬帝國時所帶來的昇平盛世(*Pax Romana*)。有古籍和碑文甚至説，凱撒奧古斯都是「救主」，他的誕生是世界的「大喜信息」。所以，當路加在第二章説「**當那些日子，凱撒奧古斯都有旨意下來……**」他是輕輕勾畫背景，突出帶來真正平安的救主，不僅僅是希羅世界上層社會的救主，也是所有人、特別是被遺忘、受棄絕和邊緣化的人的救主。祂是牧羊人、婦女、小孩、罪人、税吏、撒馬利亞人、浪子的救主。

我們是帶著這樣的認知，進入使徒行傳八章26至40節這段經文。

III

這個故事充滿了許多有趣的細節。在此以先，腓利已經到過撒馬利亞的一個城傳道，而且有相當不錯的果效（徒八4～25）。這無疑是讓人興奮的發展——接觸外邦人、傳道、行奇事，城裏的人皈正信主。這就是傳福音。腓利所作的無疑是福音事工。

然而，根據八章26至40節這段經文，我們卻看到另一種的福音事工，不一樣的傳福音模式。這種傳福音並不是喊叫「罪惡、悔改、審判」，甚至沒有急忙不迭地應許「喜樂、平安」。這個福音事工並沒有小冊子、單張，或像「四律」、「福音橋」、「三福」等福音工具；這無疑都是有用的方法，但路加所描寫福音事工所需要的，就是一對敏感、忍耐，並願意聆聽別人生命的耳朵。

這故事的背景是曠野沙漠，而在其中趕路的是一個太監。「曠野」和「太監」是極度配襯但又讓人黯然的組合，正如曠野了無生機一樣，太監也是無以繼後的。如果你再仔細看看，也許會更覺驚訝，因為這太監竟然是剛從耶路撒冷禮拜完趕路的。可申命記二十三章1節不是說太監並非「完整」的人，不能進聖殿去嗎？一個罪人尚且能進聖殿獻祭，只是一個太監，一個不完整的人，他就永遠不能進聖殿去。這是何等的讓人難受？

若此，那太監上去耶路撒冷又是何苦的呢？他經過那些崎嶇和顛簸的山路，到頭來還是不能進入聖殿，這又是何苦呢？那小孩子每天下課都跑到餅店，隔著窗櫥盯著裏面的餅點，口袋裏卻沒有一塊錢，這又是何苦？堅持每年都到維港畔觀賞煙花的朋友中，竟有一位是失明的朋友，這又是甚麼原因？

這太監上耶路撒冷禮拜，可他有禮拜，能禮拜嗎？你能看見他嗎？他正在聖殿外佇候著。他把耳朵緊貼著那冰冷和硬實的牆壁，好像要極力聽到甚麼似的。他等了不知多久，聖殿的院門終於打開了，剛在裏頭禮拜的人魚貫出來。這太監馬上擠到羣眾裏，迫不及待地問：「今天的祭祀怎樣？大祭司是不是很肅穆？」「詩班唱的不錯吧？我在外面也聽到了一些美妙的迴響。」「獻祭還順利吧？」「……」他就是這樣收拾零碎，再在腦海裏組織拼湊出一副禮拜的圖畫。你能看見這個太監嗎？

在回去的路上，這太監正在讀經。他也許不僅在讀經，也在閱讀自己的生命。他不僅對經文的意思感到困惑，也慨嘆自己的人生。儘管他可能是權傾一時的財務總管，他只不過是個太監，一個沒有將來，不被記念傳頌的太監。他所念的經文是引自以賽亞書五十三章7至8節：

> 他像羊被牽到宰殺之地，
> 又像羊羔在剪毛的人手下無聲，
> 他也是這樣不開口。
> 他卑微的時候，
> 人不按公義審判他，
> 誰能述說他的世代，
> 因為他的生命從地上奪去。（徒八32～33）

但最切中要害的正是「誰能述說他的世代，因為他的生命從地上奪去。」究竟先知是說自己呢？還是說別人呢？究竟一個沒有人述說將來的人，還會怎樣呢？這太監不僅不明白這段經文，他也為自己的生命感到困惑。

「你所念的你明白嗎？」這是福音事工的開始，一顆敏感的心靈，一對尊重和忍耐、並願意聆聽別人生命的耳朵。「沒有人指教我，怎能明白呢？」這是生命渴求的聲音。

IV

張栩醫生被國家委派到國外作醫療服務，可在一九九六年的一個夏天，他遭遇意外，自頸項以下失去了活動的能力。經此一難，他的世界彷彿是完全倒塌下來了。曾經擁有的似乎盡數離去，他甚至失去生活的能力和意志。一天，張醫生突然睜開眼睛，望著與他相依為命的母親說：「媽，我想死。你用輪椅推著我上山，再推我下山崖。」說這話時，他的眼裏充滿了淚水。當母親聽到她的孩子在向她乞求死亡時，這是何等殘忍的事！她哭著說：「你不能死，要死我們一起死吧！」張醫生只是感覺萬念俱灰。

一九九七年一天，張醫生在北京博愛醫院進行康復運動。一位來華講學的日本教授矢谷令子，看見了一臉沮喪和消沉的張醫生，她主動地走到張醫生跟前說：「你要勇敢地活下去，你的明天會比今天更好。」不久，她回國後寄來一本英文版本見證傳記《輪椅上的畫家》送給張醫生。主人翁鍾妮（Joni）的經歷與張醫生極為相似，因而吸引張醫生閱讀、甚至後來將之譯成國內的漢語版：《上帝在哪裏——挑戰命運的極限》(北京：華夏，1999)。而鍾妮所信仰和經歷的上帝，也成為了張醫生所經歷和信仰的上帝。(詳見張衣淑媛，〈讚美神——我的見證〉，《北浸通訊》，四月號，頁8～10)[1]

張栩醫生從消沉沮喪至重新展開生命，其中一個轉捩點是這位日本教授的注視和鼓勵。從不認識上帝至經歷上帝的慈愛，福音的能力始於一顆洞察的心、敏感的靈，源於一句慰問和關心。這敏感的心靈與聆聽的耳朵就開始了福音的工作。這是不折不扣的傳福音。

你曾看見在曠野裏思索的人嗎？你當然知道這不一定是曠野，而可以是辦公室、學校的一角，公園裏一旁，只要你細心看、耐心聽，就會看見在曠野裏的人。你知道怎樣、何時傳福音嗎？不一定是第五週出外佈道或是其他的福音聚會，只要是聖靈感動你，無論在那裏，福音就可以傳開。誰是福音的使者？不一定是傳道牧者，站在講台上宣講才算是傳福音。你走近、聆聽，仔細、耐心和敏感地聆聽生命。你拍拍他的肩膀，給他倒一杯開水，給他一盒紙巾，你就已經正在開始傳福音了。

講章分析

這篇講章先以比較輕鬆的筆觸介紹路加的作品(I)，逐步向會眾介紹路加作品中關注邊緣人的特色和神學旨趣

1 張栩弟兄於二〇〇三年間在香港理工大學習康復護理的課程。他和母親張媽媽(張衣淑媛姊妹)自二〇〇二年底起，恆常出席北角浸信會的午堂崇拜和主日學。張媽媽倆於二〇〇三年聖誕前返回國內。

(II)，並開始進入經文的敍述裏(III)。講章以文化的背景為補充，儘量使會眾體會和感受到太監的處境。除了背景資料，講章亦運用了想像的情景，將會眾可能感到熟悉的片段，與敍述中的太監關連起來。通過與敍述中的人物相遇，講章逐漸邀請會眾思考自己的景況。

最後(IV)，講章以張栩弟兄的經歷，帶出曾在他身旁出現的福音使者。細心的會眾應該體會，引用張栩弟兄的見證，焦點其實不是他的經歷，而是他周遭的福音使者。這也是這篇講章的目的，邀請會眾成為傳福音的腓力。

哥林多後書八章7～15節

為生命把脈（上）

經文

7你們既然在信心、口才、知識、熱心，和待我們的愛心上，
都格外顯出滿足來，就當在這慈惠的事上也格外顯出滿足來。
8我說這話，不是吩咐你們，乃是藉著別人的熱心試驗你們
愛心的實在。9你們知道我們主耶穌基督的恩典：他本來富
足，卻為你們成了貧窮，叫你們因他的貧窮，可以成為富足。
10我在這事上把我的意見告訴你們，是與你們有益；因為你
們下手辦這事，而且起此心意，已經有一年了，11如今就當
辦成這事。既有願做的心，也當照你們所有的去辦成。12因
為人若有願做的心，必蒙悅納，乃是照他所有的，並不是照
他所無的。13我原不是要別人輕省，你們受累，14乃要均平，
就是要你們的富餘，現在可以補他們的不足，使他們的富餘，
將來也可以補你們的不足，這就均平了。15如經上所記：多
收的也沒有餘；少收的也沒有缺。

解讀經文

一般而言，詮釋書信類型的經文，作品的歷史背景至

為重要。所謂歷史背景，包括了發信人和收信者的身分和關係、書信的成因、背景、發信人及收信的地方和處境等等。

這些因素說明書信是適切、應時（relevant）的文件。在一定程度上，作品是「應運而生」的。我們可以通過閱讀書信的答推敲背後的問，或由書信的問推敲背後的答（例如林前七1，八1；腓一12）。所以，書信的文字修辭（rhetoric）、理據的鋪陳和結構（structure）等，都是研經的參照點。詮釋者可以從經文的上文下理（經文分段、作者論據的進路等）摸索和尋找問題的來龍去脈，繼而進行解釋、演繹和宣講。上述歷史（historical）和文字（literary）方面的考究，是詮釋聖經必下的功夫。

不過明顯地，這一般解釋書信的方法，不容易應用在哥林多後書八至九章中。因為縱使對一般基督徒而言，哥林多後書八至九章的內容大概不算陌生，但這兩章經文在新約聖經研究歷史裏所引起的問題，卻顯示出詮釋的難處。德國聖經學者沈萊（Johann Salomo Semler）在一七七六年出版的哥林多後書註釋中提出，哥林多後書原是由幾封保羅的書信所組合而成的，其中一封就是如今在哥林多後書第八和第九的兩章經文。根據沈萊的理論，這些書信都是保羅在不同時間、對應不同問題、在不同處境之下寫成的。自此之後的二百多年，研讀哥林多後書的學者都免不了要就這個理論作出思考和討論。[1]

自從沈萊的理論面世二百年來，先後有許多學者提出

1 參 Hans Dieter Betz, *2 Corinthians 8 and 9: A Commentary on Two Administrative Letters of the Apostle Paul* (Hermeneia, Fortress, 1985), 3～36。

附和或反對的理據。但無論是贊成還是反對，只更突顯這兩章經文所引發的問題。事實上，雖然沒有異文的證據，但從氣氛和內容的角度看，哥林多後書第八和第九章的確與上文(一至七章)下理(十至十三章)不甚銜接。這兩章經文與書信其他部分不協調，就是宣講者在詮釋經文時所不能忽略的一個參照點。

〔這也是我將這些看似無關或乾澀的「學術」在此討論的原因。誠然，學術和教會職事的距離的確不近，而未經消化和適當處理而引伸出來的道，往往是事倍而功半，又或使人有「道不關己」的感覺；更差的是誤導會眾，使他們懷疑學術只是拆毀信仰、叫人跌倒的絆腳石。不過聖經學術研究傳統少說有幾百年，將教會的歷史和猶太人的信仰傳統也算進來的話，就更有上千年的歷史。換言之，我們擁有的是個充滿瑰寶的寶藏。有能力的人若不願意用時間、用心探研，實在是可惜非常的。從詮釋的實際角度講，學者的研究往往有提醒和指標的作用，免除解釋的偏頗和個人化。〕

這兩章經文的「獨立性」，大大限制了基於全卷書信的背景和脈絡而實施的歷史／文字考究的方法。就算仍以這方法為詮釋的工具，似乎亦只能將經文的討論限制在這兩章之內。[2]事實上，即使沈萊的理論不正確，我們還是不能合理地解釋保羅為何、怎樣從第七章轉至第八、九章，再由第九章轉至第十章。這個文字上的缺環，進一步限制

2 最典型的例子是Betz對哥林多後書的註釋，全書認為八至九章是獨立的書信，以歷史和修辭(rhetorical)的方式詮釋。參 Hans Dieter Betz, *2 Corinthians 8 and 9: A Commentary on Two Administrative Letters of the Apostle Paul* (Philadelphia: Fortress Press, 1985)。

我們以書信整體的歷史背景作為詮釋的根據。

要掌握和詮釋這段經文，就只能從經文本身出發。保羅其他的書信雖然有其參照的價值，但是不無限制。要理解和演繹這段經文，就必須著重其神學的睿見和深意，而經文背後的歷史和背景，只能是從經文引伸出來的影像和輪廓。

解讀會眾／處境

按照一般的傳統習慣，這段經文常用作提醒基督徒作奉獻的操練。誠然，這段經文的確描述有關捐獻的事宜。但保羅所說的，究竟重點在於捐獻的哪一方面呢？保羅希望哥林多人體會的又是甚麼？對我們宣講的人而言，更重要的問題是，保羅的教導對我們的會眾又有甚麼意義？

這段經文提及奉獻，但我們的會眾對奉獻的理解是甚麼？正如這段經文是耳熟能詳的，但會眾並不知曉背後研釋的歷史和因由，奉獻也一樣是基督徒熟悉的舉措，但會眾又是否明白其中的意義？最後，保羅是教導有關捐獻的實務，抑或是捐獻的神學？如果是前者，我們(也許亦是會眾)的問題是，為何二千年前的規條，還應用在今天的生活裏？如果是後者，那麼奉獻就不僅是星期天的事，而是整個人生的方向，是生命的問題。如是，奉獻與否就既不是習慣，也不是規條的恪守和斟酌，而是為探索生命、為生命把脈。

講章

為生命把脈（上）

林後八7～15

I

我發覺一個有趣的現象。我們對一些經常做的事，並不必然有深入的了解。我的意思是，我們常常做某些事情，不過我們極少知「其所以然」。我們不會因不斷做這些事而多與別人談論，反正我們就是按著習慣或循例而行就好了。我們不大在意，或許也不屑注意。

我們每天都在吃，可我們對食物的來源、成分等等並不會太在意。除非你在節食或纖體，又或者你是個飲食評論家，不然你大概不會深究你將要消耗的食物，更遑論食物背後所牽涉千絲萬縷的經濟、政治關係。

每天都和配偶相處的，未必就熟稔對方。生活不錯是在一起，但對配偶言行情緒的原委和來由，也許我們並不太在意。孩子們都在身邊，但願意深入了解他們，用心、用時間和他們相處的，恐怕並不是大多數。

我們或許是丈夫、太太、父親、母親、子女、僱員、學生，我們經常作的似乎不過是身分、甚至角色的一部分。慢慢地，我們平常所作的也就成了習慣，正所謂「習以為常」，也許就是這個意思。

當然，樣樣事情都要深究，可以是讓人感到太沉重、難以負荷。事事都要問意義，也難免過於枯燥乾澀。再說，習慣也有好壞之分。要是所作的是好習慣，就是習以為常也不礙事，並不一定要事事反覆思量、深入推敲。

可是，習慣也有改弦易轍的時候。有人對牆壁的顏色看膩了，就想到重新漆上顏料。當然，就房子而言，這還不怎麼樣。若將此應用在人際關係上，感情一趨平淡就變臉，那麼於己於人都可以造成很大的苦痛。

最糟的還是不加探究，只憑感覺行事。只在高興、感覺良好的時候才願意做。一旦興之所至，管他如何的不合理、怎樣的不應該，還是照做無誤。要是不高興、沒有感覺，則無論是多麼天經地義，還是不做。我想沒有比這種態度，更切合「膚淺」一詞了。

奉獻或捐獻，就是我們常常做，卻不一定深入了解的事。有些人是習慣地奉上獻金，恐怕還有些是興之所至。無論是習慣還是感覺，反正這是我們每個主日在崇拜裏都作的舉動。儘管我們常常做，但卻極少討論，也鮮有聽聞相關的教導。就好像其他常作的事情，如果能知其所以然，那麼總是一件好事。今早，我們就從保羅的言說中，了解其中的意義。

II

在保羅的書信裏，這是其中一段提及捐獻的經文（林後八～九，另參林前十六1～4；羅十五25～27）。在羅馬書十五章裏，保羅提到捐獻的受助者是耶路撒冷的「窮人」或「聖徒」。在哥林多前書裏，保羅指示奉獻收捐的「實務」，例如甚麼時候收捐，怎樣收取等等。在哥林多後書裏，保羅疏理出他的「捐獻神學」。換言之，保羅在哥林多後書提出捐獻的「所以然」。保羅邀請他的讀者深入了解一個他們習以為常的舉動。

也許，我們應該先了解保羅提出捐獻的背景和原因。

「我在這事上把我的意見告訴你們，是與你們有益；因為你們下手辦這事，而且起此心意，已經有一年了。」(林後八10) 原來捐獻一事始於這封書信之前的一年。究竟收捐的情況是否理想，我們無從得知。縱使我們不能從經文知悉哥林多教會捐獻的表現，但保羅和哥林多人對話的回聲，彷彿在哥林多後書八章這段經文的字裏行間中迴盪：

「捐獻這事又與我們有何關係？」

「你們既然在信心、口才、知識、熱心，和待我們的愛心上，都格外顯出滿足來，就當在這慈惠的事上也格外顯出滿足來。」(八7)

「我們有説過要參與嗎？」

「因為你們下手辦這事，而且起此心意，已經有一年了。」(八10下)

「那麼該捐獻多少？你可知道我們不比其他人好多少呢！」

「人若有願做的心，必蒙悅納，乃是他所有的，並不是照他所無的。」(八12)

「那公平嗎？」

「我原不是要別人輕省，你們受累……」(八13，另參八1～5)

「為甚麼嘛？為甚麼要捐獻給別人呢？」

「你們知道我們主耶穌基督的恩典，他本來富足，卻為你們成了貧窮，叫你們因他的貧窮，可以成為富足。」(八9)

顯而易見，保羅希望哥林多教會的會眾能對「捐獻」多聆聽、多思考、多了解。保羅所講的不是技術性的細節，像要不要給、給多少、甚麼時候給、怎樣給、給誰等問題。保羅所講的是生命的問題。觸及生命的問題，就是為生命把脈。

III

在一條小村裏，每天早上學校的鐘聲在八點半響起的時候，小孩們總是帶著老不情願的腳步回到教室裏。當下課鐘在下午三點響起的時候，小孩們就爭先恐後地離開學校。這是每天的情況，只有一個小女孩是例外的。她每天比誰都要早回到學校；她會協助老師預備上課要用的器具和材料。她每天比誰都要晚離開學校；她總是留下來清理教室，幫助老師收拾和打點一切。每次上課她總是留心地聽課、做筆記，用心地學習。

有一天，教室裏的秩序非常混亂，老師生氣地向學生們說：「你們為甚麼不能像她一樣？」

「當然啦，她比我們有利嘛。」這時候一個小男孩喃喃地說道。

「她甚麼地方比你們有利？」老師困惑地問。

那小男孩低下聲音說：「因為她是個孤兒。」[3]

如果你在崇拜前，忖思今早的經文與講題有甚麼關係，我想你現在就能明白，我們怎樣看待我們和別人所有或所沒有的，這不啻是有或無的問題，而是生命的問題。所以，就捐獻的探討，並不在於給多少、怎樣給、甚麼時候給的

3 引自Fred B. Craddock, *Craddock Stories*（Chalice, 2001）, 16。

問題，而是生命的問題。深入認識捐獻，實際上就是為生命把脈。

思考捐獻就是進深認識自己的生命、別人的生命，至終是認識主基督耶穌的生命。所以，思考捐獻並不僅限於物資，也包括時間、工作、價值觀和生命的次序。思考捐獻並不在於你我奉獻了多少，而在於你怎樣看待生命，包括自己的生命、別人的生命，基督耶穌的生命。

當我讀到保羅說哥林多人「既然在信心、口才、知識、熱心，和待我們的愛心上，都格外顯出滿足來，就當在這慈惠的事上也格外顯出滿足來」(7節)的時候，我不禁感到顫動。保羅用類似的話語描述哥林多信徒，就是在哥林多前書一章5至7節。可在那裏，這些優厚的條件所招致或顯示的，卻是羣體內的鬥爭和紛亂。

顯然，你我所有、所能的，並不能保證你與上帝和好，與自己或別人和好。關鍵在於生命，這畢竟是個生命的問題。

奉獻原來並不是物資或財富分配的問題，而是生命的問題，關乎你我怎樣看待生命、放置生命。難怪耶穌曾經說：「你的財寶在哪裏，你的心也在那裏。」(太六21)同樣是保羅所建立的教會，同樣是一個福音所孕育的羣體，但馬其頓的教會可以「在極窮之間，還格外顯出他們樂捐的厚恩。我可以證明他們是按著力量，而且也過了力量，自己甘心樂意地捐助，再三地請求我們，准他們在這供給聖徒的恩情上有分」(參林後八1～5)。

同樣是日耳曼民族、亞利安血脈所薰陶的土壤，既孕育出像巴哈這樣的心靈和藝術家，以音樂表達真、善、美，歸榮耀與創造人類的上帝，但也產生了像希特拉這樣的獨夫，殺害上百萬的猶太人，踐踏上帝所創造生命。同樣一個教育制度所訓練的醫護人員，既有主動投入沙士(SARS，「嚴重急性呼吸系統綜合症」)病房救助病人的醫生，也有將精神科藥物(「軟性毒品」)販賣給青少年圖謀厚利的「醫生」。這不就是生命的問題嗎？

也許你我可以看清楚了，談到捐獻或奉獻，根本還是個生命的問題。我們思考、計劃、安排我們所有、所能的，就是為生命把脈。我們苦惱我們所沒有或不能的，也是為生命把脈。

「你們知道我們主耶穌基督的恩典，他本來富足，卻為你們成了貧窮，叫你們因他的貧窮，可以成為富足。」(林後八9)

講章分析

這篇講章用習以為常的事卻不知其深意的經驗開始(I)，逐步帶動會眾思考奉獻背後的意義。這種從一般人人可體會的經驗引至神學原則和信念的方式，在宣講學中被稱「歸納式進路」(inductive approach)。反之，從原則信念開始演繹並引伸至生活的經驗和細節的就是「演繹式進路」(deductive approach)。

講章隨即通過大略交待和比較保羅書信中有關捐獻的經文，進而指出這段經文有關奉獻的教導，在於神學而不是實務(II)。講章以經文本身的框架，以假設的對話勾出一個輪廓，嘗試突出經文的核心：奉獻的終極動機和榜樣就是耶穌基督。所以，奉獻根本的問題不是實務，而是神學和基督論的問題。讀者可能質疑這樣假設虛構的對話是否合宜。正如我在經文詮釋部分曾提及，哥林多後書八至九章背後的具體情況並不明顯，我們應該額外小心類似的處理手法。另一方面，就聖經裏任何一段的經文來說，我們都沒有絕對把握確立其背景和歷史。所以，在演繹和宣講的時候，以想像力和創意將會眾納入經文裏，可以說是必然的過程。底線是我們的詮釋演繹是否違背、甚至扭曲了經文的意義。

講章最後部分 (III) 以一個故事進一步建立奉獻所引伸的課題：如何看待自己和別人的擁有。換言之，奉獻還不僅是個人生命的問題，也是面對別人生命的問題。歸根結底，奉獻就是生命面對耶穌基督的思考和回應。

哥林多後書十二章2～10節

為生命把脈（下）

經文

2我認得一個在基督裏的人，他前十四年被提到第三層天上
去；（或在身內，我不知道；或在身外，我也不知道；只有
上帝知道。）3我認得這人；（或在身內，或在身外，我都不
知道，只有上帝知道。）4他被提到樂園裏，聽見隱秘的言語，
是人不可說的。5為這人，我要誇口；但是為我自己，除了
我的軟弱以外，我並不誇口。6我就是願意誇口也不算狂，
因為我必說實話；只是我禁止不說，恐怕有人把我看高了，
過於他在我身上所看見所聽見的。7又恐怕我因所得的啟示
甚大，就過於自高，所以有一根刺加在我肉體上，就是撒但
的差役要攻擊我，免得我過於自高。8為這事，我三次求過
主，叫這刺離開我。9他對我說：「我的恩典夠你用的，因為
我的能力是在人的軟弱上顯得完全。」所以，我更喜歡誇自
己的軟弱，好叫基督的能力覆庇我。10我為基督的緣故，就
以軟弱、凌辱、急難、逼迫、困苦為可喜樂的；因我甚麼時
候軟弱，甚麼時候就剛強了。

解讀經文

這是另一段不少信徒熟悉，卻又感到陌生的經文。熟悉是因為這段經文裏有不少廣為傳頌、家傳戶曉的「金句」。熟悉是因為幾乎每個基督徒都會明白「一根刺」的隱喻。陌生是因為我們並不明白保羅為甚麼會在這封書信裏提及這些私人問題。陌生是因為我們並不體會保羅説話的深層意義。陌生是因為我們的了解，始終還是停留在金句式的層次上。

然而，這些感人的經文最終還是歸入段落裏，詮釋者必須超越金句式的體會，進深探索這段經文的背景和意義，從而揣摩宣講的方向和可能性。

正如一般書信類經文的詮釋，掌握經文的背景，就是理解保羅這段自述的第一條鑰匙。哥林多後書十二章2至10節所屬的大段落（即哥林多後書十至十三章），為經文的背景勾畫出輪廓。上文下理的陳構和語調，處處流露出抗辯和論爭的氣氛。這四章經文清楚顯示出保羅與哥林多教會以及第三者之間的張力。從閱讀經文並學者的研究得知，這幾章經文反映出保羅與哥林多信徒的關係正面臨破裂的危機。究其原因，可能是由於別人的唆擺。保羅在信中所針對的對手，就是那些破壞保羅與哥林多信徒的關係、甚至扭曲了信仰的人。根據保羅在信中所指「有人自信是屬基督的」、「自薦的人」、「假使徒」、「希伯來人」等等的描述，這些人極可能誇耀自己的來歷、經驗和背景，且更是否定、甚至踐踏保羅的職事和身分。保羅的自述就是在這樣的氣氛下形成的。

這樣的抗辯處境，也孕育了保羅「自誇」的原因和修辭方式。單就保羅在這裏的修辭技巧，學者們豐碩的研究，就足以為我們了解保羅的策略和目的提供更多角度的理解和亮光，同時也為宣講提供了好些可能性。

除了保羅的修辭技巧和策略外，他的神學思想和他所面對的挑戰，構成了他自述中有趣的現象。他雖然「自誇」，卻是以第三人身——「我認識一個人」——去敍述他的經歷。其次，縱使他有獨特的屬靈經驗，他並沒有大書特書他的經歷，反以相當迂迴含蓄的手法去表述自己的體會。他三次的「我不知道」，對應兩次的「只有上帝知道」，就是最明顯的例子。他的表述大大抑制了他誇口自己經驗裏的空間和可能性，同時也突出上帝在他生命裏的中心角色。

從這段經文可以看出，無論保羅的修辭技巧如何，他的目標是要指出，生命和職事的基礎就是上帝，他的「誇口」是衝著那些藉才幹和經歷吸引哥林多人、令哥林多信徒傾倒的人說的；而真正可以誇口的，就只有上帝的恩典。

對於現代讀者而言，保羅所述的三層天經驗是難以理解的。這固然是因為現代人鮮有類似的經驗，而保羅之沉默，也使得詮釋者必須學會抑制。(儘管如此，不少學者仍就這三層天的修辭、經驗和背景作出種種研究。)

同樣引起讀者興趣的是保羅提及他身體的「一根刺」，情況與三層天的解釋相若。保羅並沒有詳述他的「一根刺」究竟是怎麼的一回事，歷來的理論和解釋，極其量也只是猜度。在無傷大雅的情況下，這些「刺」的詮釋頗能將保羅的生平和作品作一次粗略的回顧。不過，適當的抑制仍然是必須的。

從宣講角度而言，經文中這些不肯定的地方，正可把會眾納入經文的空間。換句話說，這也是經文和語言盛載力的所在。說句佻皮話，如果我們百分之百肯定保羅的「一根刺」是指禿頭或矮小的身裁，會眾中那有濃密頭髮和體格魁梧的人就不容易體會到「刺」的隱喻了。同樣地，保羅若真的如實地詳述他屬靈三層天的經驗，究竟有多少人也能分享和認同？還是，更根本的問題，有多少人能明白？

總結來説，雖然這段經文中兩個惹人關注的重點都是語焉不詳，但這也是經文盛載力的所在。最重要的，還是經文的中心並不因此而模糊。事實上，「三層天」和「一根刺」的模糊正與保羅整段的自述呼應。他之所以沒有詳細交待這兩點，正是要清楚突出他背後的神學中心——上帝在耶穌基督裏的恩典。在耶穌基督的恩典中，他生命中的「是」和「不是」都不再有終極的意義。不管「一根刺」或「三層天」是甚麼一回事，這都是他體悟生命和恩典的途徑。

解讀會眾／處境

每當我想及我的會眾、朋友、親人，甚至自己怎樣面對生命裏種種的際遇和經歷的時候，我覺悟到問題的根本就是生命的質素。我們的生命裏總有或強或弱的條件或質素。有些是與生俱來、毫無選擇的際遇和偶然，也有不少是抉擇和耕耘的果效。沒有人可以例外於生命的起跌和順逆，當面對這些必然的階段時，卻正好顯露出我們生命的質素。

保羅生命具備哪些他引以為美的條件：「三層天」？又有那些他除之而後快的難言之隱：「一根刺」？特別是在他面對打擊的時候，他可以防衛地強調他那種「非常人可比擬」的條件？還是惱恨埋怨自己的缺乏？我想這不僅是保羅的掙扎，也是每一個基督徒，包括我自己的掙扎。

當我仔細閱讀的時候，驚覺會眾與這段經文相遇的地方，正是經文隱晦難明之處。我祈求這段經文裏的金句，亦因著經文和會眾的相遇而讓他們經歷上帝的恩典。

講章

為生命把脈（下）

林後十二2～10

I

你怎樣評價自己的生命？你怎樣看你生命裏的好與壞？你怎樣面對你生命裏的強處或弱點？你既有比別人強的地方，也必定有不如人之處。可你知道自己的強或弱處嗎？

也許你可以為你某些的優劣作解釋，但我想你不太可以完全解釋。例如你生長的家庭和環境，你是沒有選擇的機會，更遑論解釋。有人說過，我們是被投擲進這個世界的。我想，這正是說我們並不能完全解釋我們生命裏的種種。關鍵在於我們是否知道、並學會如何面對我們生命裏的素材。關鍵在於我們怎樣為生命把脈。

困難是量度我們生命的其中一個契機，逆境挫敗是測試我們怎樣體會和面對生命裏的軟弱和限制。當然，成功順暢也是呈現我們怎樣理解生命的時機。有些時候，你會因為你「所是／所非」和你「所有／所無」而欣悅，甚至沾沾自喜。在別的時候，也許你會因而沮喪、低沉、傷痛。

當面對打擊和挫敗的時候，你會怎樣看待你自己的生命？

那是考試放榜的時候，你從老師手上接過成績單？

你剛離開上司的辦公室，手上拿著他交給你的解僱信？

面對著醫生給你的驗身報告，耳邊還重複他的解釋？

糾纏著那種如北極般冰冷、或如暴風般翻騰的不安關係？

也許你可以作出部分的解釋，但我想你不太可以完全解釋。

II

在你還在思想的時候，讓我告訴你保羅怎樣評看他自己的生命:

> 我認得一個在基督裏的人……因我甚麼時候軟弱，甚麼時候就剛強了。（林後十二2、10）

要了解保羅這段說話，也許先得從這段經文的前文後理開始。從哥林多後書十章開始直至十三章，保羅為自己的身分和職事申辯。也許因著某些人的唆擺或是其他原因，哥林多信徒對保羅的工作和背景相當不以為然。儘管保羅是帶領他們信主，並在他們中間建立教會的開荒牧者，他們卻沒有給予他應得的尊重。哥林多信徒對保羅的嫌棄和態度，顯然對他是極大的挫敗、打擊和傷害。這段經文就是在這樣的背景下出來的。

在這樣濃烈的抗辯處境下所寫成的書信，歷來曾引起許多人的關注。然而，經文中值得注意的不是保羅所提及那不凡的經驗。事實上，保羅並沒有花太多筆墨在其中。他反而用了三次「我不知道」、兩次「只有上帝知道」的用語描寫這段經歷。即使提到「隱秘的言語」，也是人不可說的。（任何對神秘經歷趨之若鶩的人，也許應該知難而退了。）

經文中值得我們注意的是保羅怎樣表述這段經歷。保羅並沒有用第一人稱，反而用看來隱晦的第三人稱縷述：「我認識一個人」。哥林多信徒一定知道，保羅所說的「那一個人」就是保羅自己。他們心裏也明白，保羅之所以要提說這段經歷，是針對在哥林多教會中某些自恃有特異屬靈經驗的人而說的。然而，保羅只採用第三人稱，並且以被動的語態去陳說這段經歷。保羅似乎要說，這一切惹人欣羨的經歷，其實都是源自上帝。這根本沒有任何可誇之處。

當然，還有保羅所提到的「一根刺」。歷來研讀聖經的人，對保羅那根刺的好奇，不遜於那三層天的經歷。有人根據加拉太書的內容，推測保羅的那根刺，就是指眼睛的疾病：「你們知道我頭一次傳福音給你們，是因為身體有疾病。你們為我身體的緣故受試煉，沒有輕看我，也沒有厭棄我，反倒接待我……那時你們若能行，就是把自己的眼睛剜出來給我，也都情願。」(加四13～15)有人從哥林多書信的內容推斷，保羅的刺就是指說話的限制和困難(林後十10，十一6)。也有人說保羅的刺是指羊癇症、長期的頭痛、心理的障礙，或是保羅所面對的逼迫和教會的問題。

III

然而，我們對保羅那根刺的好奇心，應好像對三層天一樣好好地控制和駕馭。問題不在於那根「刺」是甚麼，而是保羅如何面對它。

保羅認為這根刺提醒他的限制。

保羅體會這根刺是經歷上帝恩典的器皿。

保羅明白這根刺是他生命成長旅程的一部分。

保羅如何評價自己的生命？他怎樣評說自己的強和弱？他怎樣面對自己的缺憾、不如別人的地方？就像你和我一樣，保羅有他自己光榮、難忘和欣悦的時刻。可是他也有其幽谷難行、不足為外人所道的日子。常言道：「家家有本難念的經。」我說：「人人都有難解的結。」這是你我都能明白的。

也許保羅、你或我可以終日沉緬在榮美的山頂，天真地以為生命本該如此，對山下一切的苦痛茫然不知不曉。「天真無知」(simple and naïve)莫過於此。又或者保羅、你或我可以終日糾纏在苦毒和埋怨的沼澤泥濘裏， 時刻翻揭已結的傷痂，提醒自己的創傷曾經有多深多痛。無論是哪一種，都是對待生命的態度。

最後，保羅、你和我可以視生命為上帝動工的場所。我們的生命是上帝觸摸、帶領和塑造的生命。上帝在基督耶穌裏同樣經歷了高峯和低谷，體會了剛強與軟弱。所以，在這位恩主面前，量度、評價我們生命裏(能解釋或不能解釋的)一切的，不再是任何長或短、優或劣、強或弱，而是恩典，且是奇異的恩典。量度我們生命的，就只有上帝的恩典。

我想，就是因為這個緣故，保羅可以坦然面對自己的強，也能欣然接納自己的弱。因為他聽見這位主說：「**我的恩典夠你用的，因為我的能力是在人的軟弱上顯得完全。**」

為生命把脈，你會怎樣評價自己的生命？

講章分析

講章以「你怎樣評價自己的生命？你怎樣看自己生命

裏的好與壞？」開始，直接邀請會眾審視自己的生命 (I) 。問題雖然直接，卻為會眾留下空間，因為講章縷述的都是熟悉但不具體的片段。會眾可以從不同的角度體會、代入或感受。

講章從會眾的思考和審視轉入經文中保羅的自述 (II) 。這部分以較為明顯的「釋經」手法，交待經文的背景和重點。這是需要的。正如我在經文分析部分已經指出，會眾可能熟悉這段經文，但未必會明白其中的意義。這些疏理能加深會眾對經文的認識，同時強化並突出講章的主旨和方向。

講章最後的一部分 (III) 又從保羅對自己生命的評價，轉回邀請會眾評價自己的生命，並接受上帝在耶穌基督裏的恩典。

希伯來書十章11～25節

安息：因基督之名

經文

11凡祭司天天站著事奉上帝，屢次獻上一樣的祭物，這祭物
永不能除罪。12但基督獻了一次永遠的贖罪祭，就在上帝的
右邊坐下了。13從此，等候他仇敵成了他的腳凳。14因為他
一次獻祭，便叫那得以成聖的人永遠完全。15聖靈也對我們
作見證；因為他既已說過：16主說：那些日子以後，我與他
們所立的約乃是這樣：我要將我的律法寫在他們心上，又要
放在他們的裏面。17以後就說：我不再記念他們的罪愆和他
們的過犯。18這些罪過既已赦免，就不用再為罪獻祭了。
19弟兄們，我們既因耶穌的血得以坦然進入至聖所，20是藉
著他給我們開了一條又新又活的路，從幔子經過，這幔子就
是他的身體。21又有一位大祭司治理上帝的家，22並我們心
中天良的虧欠已經灑去，身體用清水洗淨了，就當存著誠心
和充足的信心來到上帝面前；23也要堅守我們所承認的指望，
不至搖動，因為那應許我們的是信實的。24又要彼此相顧，
激發愛心，勉勵行善。25你們不可停止聚會，好像那些停止
慣了的人，倒要彼此勸勉，既知道〔原文是看見〕那日子臨近，
就更當如此。

解讀經文

希伯來書是一封極其豐富卻又複雜的「書信」。這部作品所顯示的神學、語言和修辭，向來都是新約學者所推許的。另一方面，我們對希伯來書背景的掌握甚為有限，所以相應的詮釋和宣講也就有一定的困難。就以希伯來書的文學體裁來說，學者們素來莫衷一是，有說希伯來書是宣講（homily）、專題論文（treatise）、書信（letter）、公開傳閱函件（circular epistle）。就文學體裁這方面的問題，已經為詮釋帶來困難。

要說體裁讓人困擾，作品的對象更是惱人。希伯來書的收信人究竟是猶太基督徒、還是對猶太經書和文化極有興趣的外邦基督徒？究竟是深受異邦文化薰陶的希臘化基督徒、還是皈依基督的猶太祭司？他們是源自昆蘭羣體（Qumran Community）的信徒、還是歌羅西教會（或類似處境）的基督徒？抑或是脱離會堂的基督徒，不再受羅馬政權賦予的宗教保護、面臨走回舊路考驗的一班人？

希伯來書的收信人縱難掌握，信件的內容卻仍可稍作推敲，但發信人就是一個謎了。作者以流暢高雅的希臘文寫作，而不採用亞蘭文或希伯來文寫作，他所論述的祭祀是「會幕」（the Tabernacle）而非「聖殿」（the Temple），作品卻又充滿著希臘的特色。書中既無第一代使徒或教會的痕迹，也沒有具體的線索可尋，無怪乎俄利根（Origen）曾說，只有上帝才知道作者是誰。

另一方面，希伯來書所呈現的主題和內容卻是極之豐富。耶穌基督的絕對位置是書信的中心，祂超越天使、祭祀和祭司的功能，並能認清信仰的根據。書中描述耶穌經歷苦難、復活並高升上天，更是在逼迫中渴望安息的信徒之信心基礎和盼望的來源。正因如此，這封書信亦有濃厚的警戒信息：審判、終末論、謬誤教導、倫理教導、失腳與回轉等，這都是書信的重要主題。

希伯來書十章11至25節是落在七章1節至十章25節的大單元裏。這個單元以演繹基督是大祭司，為讀者提供安息的確據。作者先以基督與麥基洗德作類比（來七1～28），藉此確立基督的祭與新約，並作為信徒生命安頓的基礎（八1～十25）。

解讀會眾

早前讀希伯來書的時候，深感作者為他的讀者的信仰處境而焦急。無論是面對逼迫、誘惑，還是其他我們不能完全掌握的原因，作者孜孜地教導讀者定睛仰望基督，不為其他的事物或意念所左右。作者情辭之逼切，同時顯示了讀者所渴求的真實；也許正因為這些渴求，使讀者們不辨真偽。

無論希伯來書流露作者何等的深情與至誠，我總覺得離我們太遠。畢竟，我們並沒有面對逼迫或其他危急的情況。直到有一天，讀到希伯來書作者對舊約祭祀的描述，似是回應讀者因渴求安息而殷望那看似真實卻又虛擬的禮儀之時，我想及會眾在生活裏的奔馳和努力，無非是那份安穩。

祭祀的重複豈不似那數不盡、大大小小的目標和方向？生命的安頓在哪裏？希伯來書已為他的讀者整理出來了，我想這段經文也可以向我的會眾說話。因為我的確盼望他們得到「安息：因基督之名」。

講章

安息：因基督之名

來十11～25

I

記不清楚是甚麼時候大夥兒開始用這個詞語。印象中在上世紀七、八十年代的時候，耳邊常聽到這個詞語。不同的人有不同的理解：中學生有他們的看法，大學生有自己的一套理解，在社會工作的人固然也有，身為家長的、甚至退休的，也免不了有他們的期望。

我們説的是安全感。

中學生的安全感可能就是順利考好中學會考、大學入學試，進入心儀的大學。大學生的安全感大概就是順利畢業，找到合適的工作。在社會裏拼搏的所期盼的安全感，應該就是安穩的工作了。再過來就是找到合意的伴侶，組織家庭，生兒育女。退休人士自有他們對安全感的一套想法。只是我們在縷述的時候，驀地發現我們的下一代，竟也在重複我們追逐的目標及其帶來的安全感。

人們千辛萬苦地游向這些應許安全感的目標，只是一俟抓著了，卻又發現它們的不實在，直像肥皂泡，從光線折射出色彩，亮晶艷麗得叫人目弦，可是一到手卻又只是一兩滴的水點而已。人們必須一再努力、不斷重複地游划，且在一望無際的海洋上游划。

我們不必懷疑這些生活目標的重要性，也不必否定它們所帶來的安全感。畢竟，目標和方向往往為我們的存在和努力提供了意義。在混沌和幽暗的日子裏，具體的目標和方向不是全無意義的，那怕它只是短暫、微弱的燭光。

II

這也許是希伯來書讀者的處境。他們所面對的，並不一定是我們今天所關注的學業、工作、家庭等問題；他們身處於充滿逼迫和試探的環境，致力尋找安全感，甚至是生命安頓的確據——安息。無論是匍匐前進，還是糾纏在泥濘之中，在這樣的一個環境裏，具體、實在、清晰都有無比的吸引力。

源自猶太傳統的信仰，有甚麼比祭祀更具體、更實在？對糾纏於罪擔的人而言，有甚麼比將罪咎轉嫁至代罪的祭牲更具體、更釋放？渴望和等待救贖的人，有甚麼比看見祭司自會幕中出來，宣告上帝的恩赦來得更如釋重負？即使是希伯來書的讀者從來沒有見過聖殿，從來未曾經歷過祭祀，單就耳聽途説的傳統，就足以讓人神馳嚮往。

III

人們不必太快否定祭祀和它帶來的一切；可他們也必須看透這些祭祀只是重複著以前的重複。努力在一望無際的汪洋裏掙扎、重複、再努力。每年的贖罪日祭祀，只是提醒人的罪擔。可是，這些重複會不會也變成了擔子？它所應許的安全感和安息，不過是遙不可及的。

有人説努力讀書會帶來安全感。可讀書真的帶來安全、安息嗎？有位朋友的小孩子獲派往名校，全家上下樂得可以，幾乎要開慶祝會。可三個星期後，全家卻變得愁雲慘霧，乃因名校功課壓力太大。原來的安全感已經成為另一個重擔。

> 有人讀書是因為缺乏安全感，覺得自己比不上他人，於是努力超越對手，以證明自己的才華和學力。這一類學生從來不會讓別人看自己的功課，不肯開放自己與同伴交流切磋……他們更無法自制地發展出滿腔懷才不遇的孤寂苦毒，日子過得很不愉快。[1]

有人相信經營、賺錢、儲蓄會帶來安全感。前幾天我到銀行辦理手續，在等候之時，聽見背後兩個女人的對話。聽別人的談話從來就不是禮貌的，只是兩位女士實在談得興起，雖然涉及的內容非我能力所及，也是在我的興趣或關注之外，我也卻惟有「恭聽」了。對話的內容涉及投資外幣，不知道是兌換計算還是甚麼技術的問題，其中一位表達了她希望日圓下跌的願望：「只希望（日本）地震啦！」我聽了禁不住回頭一看，兩位都是看來端正娟好的女士。只是她們的談話，使我感到戰慄，甚至心寒。雖說賺錢帶來安全感，可眼前的「願望」，不要說是安全感或安息，就是最基本的心安理得也缺乏。

生活的目標和方向固然有其意義，但它們會否只是重複又重複的「祭祀」？在尋索安息的過程裏，這些的目標又會否已經成為重擔、甚至罪擔，使我們變得更不安息？

1 胡燕青，《嘆息的速度》（香港：獲益，2003），頁107。

IV

面對尋索安息，並且為安息努力和掙扎的讀者，希伯來書的作者這樣說：如果尋索的安息是生命的安頓，那就不會是我們自己所能籌措或謀議的。我們的經營所能賦予的，只是無盡的重複和要求。而生命的安頓，必定也只有是來自上帝的恩典。惟有人在上帝面前確定自己的身分，才能夠有真正的安息。以讀者所渴慕的祭祀之語言表述，這安息是通過耶穌基督一次過，並且完全成就的。這是一次過的祭、一次過的救贖。

這樣的安息並不在於具體的儀節和掌握，或「自我感覺良好」，而是面對實際的凶險仍然能相信和盼望：「信就是所望之事的實底，是未見之事的確據。」（來十一1）

既然是來自上帝的安息，不是建基於我們的意志，聖靈的見證和提醒就是自然不過的了。聖靈不斷喻示我們這些極易深陷桎梏和網羅的人：「聖靈也對我們作見證……我不再記念他們的罪愆和他們的過犯。」（十15、17）

既然安息不是個人所能企及的，信仰羣體也就是不能缺少的同路人：「又要彼此相顧，激發愛心，勉勵行善。你們不可停止聚會，好像那些停止慣了的人，倒要彼此勸勉，既知道那日子臨近，就更當如此。」（十24～25）教會之所以要強調恆常崇拜聚會，也是為了這個原因。有些時候我們趾高氣揚，為自己的能力和成就而得意。但當我們崇拜的時候，只要我們專注在上帝和祂所關愛的生命，就不能不看見那些苦痛的肢體，也恍然覺悟我們所領受的不過是恩典。有些日子我們失意消沉，為所遭遇的困難而苦惱。當我們聚集的時候，只要我們注目在上帝和祂所觸摸的生命，就能看見基督「給我們所開展了一條又新又活的路」（十20），奮力前行。

講章分析

講章以安全感開始，預備會眾進入講章(I)。從安全感進到安息(II)，一方面是調校會眾的價值觀，也是把會眾帶入經文的世界和處境。講章透過幾個例子，說明追逐安全感並不等如享有安息。事實上，這種追逐可能帶來更多重擔和罪擔(III)。講章最後以希伯來書的經文指出安息的意義和生活信念。

講章的功能有三。第一、在於理清安息的意義。這是希伯來書的重要主題之一。第二、藉安全感和安息的對比，調校會眾的生活價值和次序。第三、帶出崇拜和信仰羣體生活的重要性。

馬可福音六章30～34節

開口教訓他們

經文

30 使徒聚集到耶穌那裏，將一切所做的事、所傳的道全告訴
他。31 他就說：「你們來，同我暗暗地到曠野地方去歇一歇。」
這是因為來往的人多，他們連吃飯也沒有工夫。32 他們就坐
船，暗暗地往曠野地方去。33 眾人看見他們去，有許多認識
他們的，就從各城步行，一同跑到那裏，比他們先趕到了。
34 耶穌出來，見有許多的人，就憐憫他們，因為他們如同羊
沒有牧人一般，於是開口教訓他們許多道理。

解讀經文

馬可福音這段經文，記述了耶穌生平職事的一個片段。這個插曲從表面看來並沒有甚麼特別之處。若要解釋的話，大概也沒有明顯困難的地方。談到應用的層面，可能就是從耶穌和門徒「暗暗地到曠野」(可六31) 作引伸，又或者是著重耶穌「憐憫」眾人「如同羊沒有牧羊人一般」(六34)，演繹耶穌的牧者情懷，或甚至從眾人跟隨耶穌的功夫，發揮眾人的渴慕之情。

然而，上述的解釋略嫌只在經文的表面上斟酌，並沒有從較廣闊、深入的層面來閱讀經文。事實上，要理解一段經文，往往不一定可以從經文本身完全掌握，而是需要從其上文下理的配合中看出端倪。馬可福音六章30至34節就是一例。這段經文其中一個關鍵，繫於經文的上下文、甚至整卷馬可福音的特色和主題。這個特色就是馬可福音中耶穌的職事。換言之，對這段經文的理解，除了上述的幾個解釋之外，還可以通過對照上下文和福音書整體就神蹟的描述而掌握。要明白這段經文，首先要思考一般詮釋神蹟奇事的過程和重點。

在詮釋和宣講福音書的時候，詮釋者往往會因為將目光集中在個別的事蹟，因而忽略了書卷背後和整體的意義。以一般俗語講法，這就是所謂「只見樹木，不見森林」，而耶穌職事中的神蹟奇事就是常見的例子。

在詮釋耶穌職事的時候，對事件注目和斟酌，固然是必經的步驟，但更重要的是了解福音書的作者為甚麼(why)、怎樣(how)記述耶穌的事蹟。如果詮釋者只是糾纏在個別神蹟奇事的經過，必然會以失望告終。因為任何人只要細讀福音書的記述，就知道福音書作者對神蹟奇事的報導，從來僅是輕描淡寫的，甚少勾畫其中的細節。所以，若然動輒以現代的科學知識解釋經文，恐怕會是穿鑿附會的解讀(eisegesis)。而單單聚焦在神蹟事件的記述，亦難免要感慨和嗟嘆，埋怨經文實在離我們太遠。畢竟，現代讀者難以想像經文所記述的事蹟，會如實地在我們生活裏重現。

上述說法不是否定耶穌職事的歷史真確性，而是指出詮釋福音書記載的方向。福音書作者記述耶穌的事蹟，並不在於滿足讀者的好奇心，而是要指出耶穌和祂的跟從者並讀者的關係。而這關係的疏理，必須經過仔細的閱讀來掌握和體會的。

眾所周知，就耶穌在世職事的報導而言，在新約的四卷福音書中，馬可福音可謂至為突出。我所說的突出，並非指其數量而言，而是指其方式和描述。馬可福音描繪的耶穌，似乎就是一個整天在醫治趕鬼的神人。相對於其他三卷福音書，馬可福音的耶穌並沒有太多的講論。如果要就馬可福音為耶穌描繪一幅圖像，那麼耶穌的神蹟奇事就應該是不可或缺的特色。要了解耶穌和跟從者的關係，從神蹟奇事落墨，似乎也是理所當然的。然而，馬可福音六章30至34節這段經文，卻提出了另一個方向，值得詮釋者格外留意。

馬可福音六章30至34節是在「餵飽五千人」和「在水面行走」這兩個記載之前（可六35～44、45～52）。在眾人的需要面前，馬可福音的耶穌沒有立刻工作，卻是罕有地「教訓他們」。著重耶穌講論的馬太、路加和約翰等福音書，在這裏都沒有提及耶穌的教訓（參太十四13～21；路九10～17；約六1～13），反而是馬可福音強調了耶穌教訓眾人。換言之，在對比其他福音書之下，馬可記述的特色尤見明顯。

由此看來，這段經文的掌握實在可以從這個角度去理解；另一方面，馬可福音的神蹟奇事，亦應從這段經文的意義取得平衡。從這個較大的脈絡看，經文所顯示的一個方向，就是教訓和神蹟、教訓和需要之間的平衡關係。若能從這個方向思考，則無論是對遠古讀者，抑或是現代讀者，馬可福音的信息都是暮鼓晨鐘。

解讀會眾／處境

帶著需要和期望的眾人，必定會因為耶穌的「教訓」而感到訝異。但馬可的記述似乎正要把眾人的需要懸置起來，讓他們先思考耶穌的期望。我想這對會眾和自己而言，實在是同樣震撼的。今日到教會崇拜的弟兄姊妹，有哪個不是帶著需要來到上帝的面前？這在強調顧客為先，甚至顧客就是上帝的時代，尤其明顯。不是嗎？今日滿足會眾的需要和期望，已經是教會聚會的金科玉律，甚至是惟一指標了。

會眾的需要是真實的，但這絕對不是、也不應是信徒聚集的終極或惟一指標。畢竟，我們是到上帝面前敬拜、事奉祂的。上帝不是滿足我們需要的神祇。會眾到上帝的面前，願意「聽教訓」嗎？抑或只是從自己的滿意程度給教會、給上帝打分數？教會招聚會眾敬拜上帝，她敢於宣講和教訓嗎？她敢於調校，甚至挑戰會眾的需要和期望嗎？這是馬可福音藉著耶穌的事蹟給我們的一個信息。

講章

開口教訓他們

可六30～34

I

在讀這段經文的時候，我直覺得它實在是有點兒匪夷所思。它之所以叫我感到困惑，是因為耶穌的反應：「耶穌出來，見有許多的人，就憐憫他們，因為他們如同羊沒有牧人一般，於是開口教訓他們許多道理。」(可六34)

試想像經文所描繪的情況，豈不是不可理喻嗎？各城的人從不同的地方跑到耶穌那裏，可他們等到的不過是「教訓」。我們都明白，人們聚集總是有他們的期望、索求和需要。說坦白點，人們跑到耶穌跟前，必定帶著他們殷切的期望、確切的索求和真實的需要。需要沒得滿足，卻先是「教訓」，這不是不可理喻嗎？

再說，馬可福音的耶穌總是不斷行動，醫治病人、趕鬼、觸摸被遺忘被放棄的人。從這個角度看，馬可福音的耶穌，的確辛勞奔波，孜孜不倦地滿足人的需要。但是在這段經文裏，耶穌看到這許多有需要的人，卻沒有醫治和工作。祂只是開口教訓他們，並且講了一段長時間。這是甚麼意思呢？這不是匪夷所思嗎？

老實說，我並不太欣賞這段經文所描寫的。我倒希望馬可能夠這樣敘述：「耶穌出來，見有許多的人，就憐憫他們，因為他們如羊沒有牧人一般，於是就觸摸他們、擁抱他們、醫治他們、餵養他們……」可經文並不是這樣；經文說：「**耶穌出來，見有許多的人，就憐憫他們，因為他們如同羊沒有牧人一般，於是開口教訓他們許多道理。**」耶穌不僅是教訓他們，而且是教導了一段長時間，直至「天已經晚了」(六35)。

II

思前想後，我得到這樣的一個結論。耶穌對眾人的需要和期望所作的反應，確實是匪夷所思，除非「開口教訓他們」的重要性，並不遜於他們的需要，甚至比之更加重要。

誠然，我們的需要有待滿足，我們的創傷要被撫平、觸摸和醫治。可與此同時，甚至在此之先，我們得接受和學會許多教訓和道理。僅以麵包滿足人的需要，並不足夠。以色列人在曠野飄流四十年，不也是有鵪鶉和嗎哪滿足他們的需要嗎？可他們對上帝怎樣在他們的過去工作，為他們賜下將來怎樣的應許，似乎不知不曉。他們只會投訴、埋怨和不滿。顯然，他們不僅要得食物果腹、讓需要獲滿足，他們更先要學會許多教訓和道理。

人單有愛和被愛的感覺是不足夠的，還得學習許多的教訓和道理，才能去愛和接受愛。情愛不像是從汽水機購買汽水，只消跑到飲料機前，看到了可樂，投入指定的硬幣，用手一按，汽水就出來，你的需要也馬上得到滿足。這「即時的快感」(instant gratification) 是一種交易，不是情愛。

如果我要作個比方，那麼情愛就如種植一樣。在種植以先，你必得學習許許多多的道理和功課。如果你要作一個優秀的園藝者，你所要知、要學的也就必然更多。你要知道所栽種植物的特性、需要的水分、施肥的頻密度、土壤、氣候等等。你甚至需要了解你自己的性情、時間、價值觀和優先次序。

我家就是一個例子。

在我的記憶裏，沒有哪幾棵植物可以在我們家裏活得長久的。我們(至少是我本人)對種植的了解和知識，還不能用「貧乏」二字來形容，因為正確的詞彙是「空白」。我就連植物的名稱也叫不上來，更甭談特性等學問了。最要命的是，我們根本沒有太多時間打理這些植物。在我們緊湊的時間表裏，為植物澆水或修護等事，都不能在我們生活裏佔一席位，只有在「忽然記起」的情況下，才給它們一些注意力。我常對女兒說，在園藝店裏看來美麗可愛的植物，不等如在家裏可以一樣翠燦誘人。在種植之前或同時，我們還得下些苦功才行。

你不能夠因為看到隔壁嬰兒那逗人喜愛的模樣，就對你的配偶說：「親愛的，小孩那麼可愛好玩，不如我們也來懷自己的孩子吧。」你必須下苦功，學習一些道理和教訓，互相了解並明白自己，評估養育小孩的代價，且要計劃，重新整理你們的生活次序和價值。

你不能因為剛讀完了一本小說、聽完了一首歌、看完了一齣電視劇或是一個電視廣告，就代入其中的情節，想像與你偶然相遇(或重逢)的人結婚。你必須先了解自己和對方，明白婚姻生活所要你付出的代價和責任，並願意重新調節你們的次序和生活的價值。你們得要學習許許多多的教訓和道理。能愛和接受愛，光是有愛的感覺還不夠，我們還得下些苦功才行。

III

按我理解，無論是馬可福音這段經文，還是聖經其他經文，都指出作上帝的兒女和基督耶穌的跟從者，光是有感覺還是不足夠的。我們還得要學習和成長。這也許是耶穌「開口教訓他們許多道理」(六34)的意思。

誠然，我們帶著真實的需要和盼望來到主的面前，這也是信仰所沒有否定的。事實上，耶穌在世的職事其中一個明顯的地方，就是針對人的需要：聾子聽見、瞎子看見、跛子行走、長大痲瘋的得潔淨。但正如人的需要不被聖經否定一樣，人的需要也不能無限放大。

在每週的崇拜、禱告會或每天的早禱會裏，我們都會為有需要的人禱告。但同時我們也得對信仰有所了解，對上帝的心意和議程有所學習。在注視需要的同時甚至之先，我們得先聆聽許許多多的教訓。

在耶穌開始職事之前，祂在曠野禁食四十日後，試探者向祂說：「你若是上帝的兒子，可以吩咐這些石頭變成食物。」(太四3)禁食後最大的需要，莫過於此。不僅如此，這是極其合理、應得滿足的需要。事實上，這還不只是曠野裏耶穌的需要，更是曠野以外那萬千等候救贖和餵養的民眾的需要。這不也是合理合情、應得滿足的需要嗎？

耶穌回答說：「人活著，不是單靠食物，乃是靠上帝口裏所出的一切話。」(太四4)

「耶穌出來，見有許多的人，就憐憫他們，因為他們如同羊沒有牧人一般，於是開口教訓他們許多道理。」(可六34)

你我都知道，許多時候在生活裏，需要之大，常使我們喘不過氣來。需要之大，往往使我們只能看見需要，而不能看到別的。在扭曲的教育制度下讀書、在經濟低迷下掙扎工作、在感情迷亂和虛擬的關係裏、在紛亂的政治和局勢裏……我沒有答案，我能説的是，你我的生命不僅由我們的需要和感覺所衡量。我們必得要下苦功，認清這些需要和感覺，學習、明白和了解，使我們能聽清楚上帝的旨意。

這是我們為甚麼強調崇拜，為甚麼強調基督教教育的原因。在崇拜、主日學和助道會(團契)裏，我們藉著「教導」觸摸、調較、更正我們的需要和感覺。每當我們翻開聖經，研讀、討論、宣講和查考的時候，也許不能一下子就解決我們的需要或觸動我們的感覺。畢竟，我們所需要滿足的期望和索求，可能並不一定要完全和即時滿足，而是應先由教訓和道理來檢視：「耶穌出來，見有許多的人，就憐憫他們，因為他們如同羊沒有牧人一般，於是開口教訓他們許多道理。」(六34)

講章分析

講章一開始就指出經文使人困惑之處(I)。通過一個看似普通的觀察，帶出經文的難題：耶穌沒有即時工作，卻開口教訓羣眾。這個疑問是一個懸念(suspense)，成了會眾期待疏理、講章發展的動力／情節(plot)。從這個進路講，這篇講章屬於「敘述式」的講章(narrative sermon)。敘述式講章不一定是講故事，而是指講章本身具備敘述體裁的設計和佈局。情節最常見的形式就是「懸念」的放置和疏解的部署。[1]

1 參 Eugene L. Lowry, *The Homiletical Plot: The Sermon As Narrative Art Form* (Westminster John Knox Press, 2001)。

講章開始的懸念很快就得到處理和揭示：教訓比需要更重要 (II) 。為了讓會眾體會和認同這點，講章以好些實際的經驗，說明單講需要和感覺會出現的問題。最後 (III) ，講章將生活的經驗轉入信仰生活的層面，突出「教訓」的必要，同時在崇拜和教會的生活處境中，探討教訓和需要的張力。

在預備和宣講這篇講章的過程中，我體會到平衡的重要。這不僅是自己的性格使然，也是經文的提示。畢竟，在這段經文之後，就是餵飽五千人和醫治的記載。我不能在宣講的過程中，否定甚至踐踏會眾的期望和需要。另一方面，我必須讓會眾體會，縱使我們的需要和議程是如何真實，卻不是終極的價值和標準。這方面的識見和覺悟，非謙卑到上帝面前，是不能領略的。

馬可福音七章1～23節

與上帝同席（上）

經文

1有法利賽人和幾個文士從耶路撒冷來，到耶穌那裏聚集。
2他們曾看見他的門徒中有人用俗手，就是沒有洗的手，吃
飯。（3原來法利賽人和猶太人都拘守古人的遺傳，若不仔細
洗手就不吃飯；4從市上來，若不洗浴也不吃飯；還有好些
別的規矩，他們歷代拘守，就是洗杯、罐、銅器等物。）5法
利賽人和文士問他說：「你的門徒為甚麼不照古人的遺傳，
用俗手吃飯呢？」6耶穌說：「以賽亞指著你們假冒為善之人
所說的預言是不錯的。如經上說：這百姓用嘴唇尊敬我，心
卻遠離我。7他們將人的吩咐當作道理教導人，所以拜我也
是枉然。8你們是離棄上帝的誡命，拘守人的遺傳」；9又說：
「你們誠然是廢棄上帝的誡命，要守自己的遺傳。10摩西說：
『當孝敬父母』；又說：『咒罵父母的，必治死他。』11你們倒
說：『人若對父母說：我所當奉給你的，已經作了各耳板』（各
耳板就是供獻的意思），12以後你們就不容他再奉養父母。
13這就是你們承接遺傳，廢了上帝的道。你們還做許多這樣
的事。」14耶穌又叫眾人來，對他們說：「你們都要聽我的話，
也要明白。15從外面進去的不能污穢人，惟有從裏面出來的

乃能污穢人。」[17]耶穌離開眾人，進了屋子，門徒就問他這比
喻的意思。[18]耶穌對他們說：「你們也是這樣不明白嗎？豈不
曉得凡從外面進入的，不能污穢人，[19]因為不是入他的心，
乃是入他的肚腹，又落到茅廁裏(這是說，各樣的食物都是
潔淨的)」；[20]又說：「從人裏面出來的，那才能污穢人；[21]因
為從裏面，就是從人心裏，發出惡念、苟合、[22]偷盜、凶殺、
姦淫、貪婪、邪惡、詭詐、淫蕩、嫉妒、謗讟、驕傲、狂妄。
[23]這一切的惡都是從裏面出來，且能污穢人。」

解讀經文

從馬可福音整體的發展來說，七章1至23節這段經文是屬於「衝突」的記述。在福音書的敍事裏，與耶穌對峙衝突的人，包括門徒、百姓、宗教領袖和權貴。其中，耶穌與宗教領袖和權貴的矛盾尤其尖銳，早於第二章就開始(可二6)，而由衝突所引起的殺機，更萌生於第三章(三6)。

總的來說，馬可福音中記敍衝突的經文，往往有不同的效果和目的。有些是突顯耶穌的身分 ，有指斥敵人的謬誤和狹隘，有顯示基督徒和會堂爭論的迹象，甚至有暴露耶穌跟從者的愚頑。

從敍述的次序和脈絡看，馬可福音七章1至23節這段經文，是要就一個禮儀的爭論，通過耶穌的講論指斥法利賽人和文士的狹隘，同時亦呈現出猶太教的口傳律法和違背了舊約聖經傳統的神髓(七1～16)。而在17節往後，經文的對象已經由法利賽人和文士，轉至耶穌的門徒。由此看來，敍述環繞一個課題發展，而其中牽涉的人物，則有耶穌、法利賽人、文士和門徒。

所以，詮釋和宣講這段經文有兩個重點。其一是掌握耶穌講説內容的意義，其二是陳構經文對會眾的適切。就前者而言，詮釋者必須通過歷史文化的探研，才能對經文的意思有正確的掌握；對第二個重點來説，宣講者必須決定選取進入敍述世界的切入點和人物，因為這將會是經文與會眾相遇的平台。

正如上文所言，經文內敍述的次序及其歷史文化處境的掌握，是極其重要的。事實上，若不能掌握這些背景，詮釋就不能避免有所偏頗。其中至明顯的就是有關「洗手」的問題。從經文看，洗手無疑是焦點所在，也是引發糾紛的癥結。詮釋者必須先掌握「洗手」的背景，並在宣講的時候，交待並處理其中的含意。

從敍述者(narrator)逕自在經文裏提出解釋(七3～4)，以確保原來的讀者能明白其原委和意義看來，對馬可福音的讀者而言，「洗手」也是一個有待解釋的困惑。根據敍述的內容顯示，耶穌和法利賽人所糾纏的「洗手」，應該是猶太人的一個習俗和禮儀，與現代人所理解的「洗手」完全是兩回事。

因此，這段經文可以説是典型的例子，説明現代人若不先掌握經文背後的歷史文化，就可能誤解經文的意思。固然，經文上下文清楚顯示，敍述中的「洗手」是儀節而不是衞生的習慣。耶穌的回應(七6～13)更是最有力的證據。但至於「洗手」的具體意義是甚麼，就必須訴諸於學者的研究，才能有所掌握了。

根據學者近幾十年的研究，遠古或原始社會裏的儀節，往往是其世界觀或社會價值現象的劃分和反映。在這個習俗下，洗手並不是我們現代社會所表達的衞生關注，而是對生活不同領域的劃分和界限。這個觀念使我們不致誤解耶穌反對人有清潔衞生的習慣，而是更能明白耶穌批評的含意：人用自己的一套方式將人劃分等級。

對馬可的讀者而言，敍述的焦點在於藉著耶穌對法利賽人的責備，突出禮儀律法的真諦，從而指斥後者的本末倒置。若此，經文既有教育的旨趣，亦具護教的性質。另一方面，經文的讀者如果能將自己代入敍述的人物中，成為耶穌說話的對象，則對耶穌的講論就會有完全不同的解讀。

最後的解讀頗能將這遠古的經文轉化成活潑的聲音。事實上，敍述自17節開始就轉進「屋子裏」，這場景是馬可一貫的手法，以示耶穌說話的對象是門徒。若此，耶穌接著的講論，就是以門徒為目標了。換言之，經文的讀者不僅是看耶穌如何責備法利賽人和文士，也是面對耶穌的耳提面訓。

解讀會眾／處境

界限、框框是人不能避免的。不僅是敍述中的法利賽人、文士和門徒，就是今日閱讀這段經文的會眾，同樣是帶著界限和框框審視四周的人。如果敍述中的人需要聽耶穌的責難和提醒，那麼今日的會眾同樣要在耶穌的啟迪下，審視自己的生命，究竟是將人納入在上帝的身旁，還是拒人於千里之外？

宣講這段經文有兩個方向或層次，第一就是要藉著整理歷史文化的背景，讓會眾進入敍述，明白其中的對話和來龍去脈。第二就是將會眾納入經文裏。

講章

與上帝同席（上）

可七1～23

I

有時候耶穌的話也確實不易懂：「愛父母過於愛我的，不配作我的門徒；愛兒女過於愛我的，不配作我的門徒。」（太十37）「我的肉真是可吃的，我的血真是可喝的。吃我肉、喝我血的人常在我裏面，我也常在他裏面。」（約六55～56）難怪曾有跟從祂的人聽著苦惱，埋怨説：「這話甚難，誰能聽呢？」（約六60）自然，因此而退去，不再與祂同行的，並不乏人。

要理解耶穌的説話，並不只能從表面、或者是理所當然地從現代人的觀點解讀，而必須掌握説話的上文下理、明白當時的文化歷史處境，並信仰的含意。不然，我們不僅不能明白，甚至可能會產生穿鑿附會或斷章取義的危險。

以馬可福音七章1至23節為例，法利賽人因耶穌的門徒沒有在飯前洗手而不滿，表面看來並無不妥。反而，耶穌就此責備法利賽人，倒有點讓人摸不著頭腦的感覺。所以，我很能同情母親的無奈：當小孩子不聽從母親的囑咐在吃飯前洗手，還嚷著：「耶穌不是説了嗎：『從外面進去的不能污穢人，惟有從裏面出來的乃能污穢人』（可七15）？」

II

遇上這樣的經文，正顯示出研習聖經，甚至神學教育的價值和重要。如果我們仔細地閱讀，自然會發現經文所糾纏的問題，與衛生並沒有關係。經文中所牽涉的洗手，和我們今天所想像和關心的，根本是互不相干的兩回事。首先，在遠古的時候，細菌、病毒等完全是匪夷所思的，因為這都不是肉眼所能夠看見的東西。只有在十七世紀文藝復興時發明了顯微鏡之後，人知道了細菌的存在，才開始有衛生的概念。

再說，從實際的角度看，才幾滴容量的水，根本不能有效地清洗污穢。《和合本》經文所譯的「仔細洗手」(可七3)，其實可以譯作「用拳頭洗手」，是一幅用少量水捏洗的圖畫。這裏所表達的正是古代水利不便的情況，在中東乾旱的地區尤甚。在經文世界裏的洗手，與今天以自來水沖洗十幾秒的洗手，完全是兩碼子的事。

最後，就法利賽人的批評，耶穌的回應充分顯明，當時的洗手與今天的衛生關注毫無關係。試想，如果問題的癥結是衛生清潔，也許耶穌的回答是「這一丁點兒水根本不能達到清潔之目的，不洗也罷。」可耶穌的回答卻是：

> 「以賽亞指著你們假冒為善之人所說的預言是不錯的。如經上說：這百姓用嘴唇尊敬我，心卻遠離我。他們將人的吩咐當作道理教導人，所以敬拜我也是枉然。你們是離棄上帝的誡命，拘守人的遺傳。」(可七6～8)

III

如果耶穌講的不是衛生，那祂究竟又是指甚麼呢？就著耶穌的回答，祂顯然是針對信仰和生命講的。然而，洗手又是怎樣一回事呢？在此，近年的文化人類學研究的睿見，頗能幫助我們理解這段經文的意義。

原來古代民族所說的「潔淨」，不是清潔衛生，而是「界限／分別」，是物與物的歸類分別，是人與人之間的分別和距離。常規的、合宜的、應該的，視為正常、正確、潔淨的。當人或物不在這些理解和經驗裏，就是歪異、不合宜、不潔，甚至污穢。

這種觀念和風俗在古代頗為普遍，但猶太人的一套卻是特別明顯。舊約聖經利未記十一章就有詳細的描述。比方說，海裏的魚類一般都有鰭有鱗，像鱔這樣沒有鰭鱗的魚類就是不潔的，既不能吃，也不應碰，視之為可憎。至於家畜，一般都是分蹄倒嚼的，像豬分蹄卻不倒嚼，或兔子倒嚼而不分蹄，就是不潔可憎。猶太人不吃鱔和豬，並不因為它們比其他生物更不衛生，或樣子更討人厭，而是因為它們落在歸類界限之外。

IV

其實「界限」、「歸類」並不單是古代才有，今天的生活也有相似的情況。特定的場合要穿合宜的衣服，需要有合宜的舉止和言談，就有「界限」的含意。當然，猶太文化的界限還不僅是因為合宜，而是有更深的基礎和根源。對猶太人而言，這些規條和界限，實在是提醒他們擁有特別的身分——是上帝聖潔的子民。當他們恪守規條界限的時候，旨在喚起他們所屬的身分——是分別為聖的一羣。他們的界限，就是上帝子民的標記。

對現代人來説，「界限」其實也不是聞所未聞的。在一般的情況下，界限是必須，甚至是好的。比方説在某些場合下穿戴合適，其實是一種尊重別人和自重的表現。成年人在喪禮中的言談不苟，就是界限的一種表達。

顯而易見，當界限混亂和模糊的時候，也就萌生問題。只是猶太人對界限混淆所帶來的問題，更為敏感和重視。例如，外邦人並不以猶太人的文化規條為界限，自然會接觸猶太人所認為的不潔之物，行猶太人所不為的舉措。加上猶太人不能完全避免與外邦人接觸，沾染「不潔」也就是常有的情況。所以，猶太人需要藉著儀節（洗手）以消解沾染而來的污穢。

我們看猶太人的規條界限，就像我們今天生活裏的界限，不必全然加以否定：衣著、禮儀、校服、會員身分、語言、性別、年齡、甚至時間，都是界限。我甚至會説，在許多情況下，這些都是必須的界限。所以，界限不是問題。

V

但是，當界限成了人與人之間的隔閡，當界限孕育和造就了貪婪、偏見、拒絕、排斥、鄙夷、壓迫、憎恨、惡毒、殺戮，當界限成為邪惡的工具，當界限凌駕在上帝心意之上時……這就是耶穌引用以賽亞書的意思。耶穌的回答，並不是糾纏在衛生的問題上；耶穌是針對信仰的生命所講的。這正是耶穌所説：「從外面進去的，不能污穢人，惟有從裏面出來的乃能污穢人」（可七15）的意思。

幾年前的一個暑假，我在台中一間神學院教授一個短期的課程。神學院附近有一所體育大學，校園裏有一條很好的跑道。有時候，我會趁著中午人少的時候到運動場跑步。一天，我在早上課和下午課之間到運動場跑步。我正要過馬路的時候，看見運動場入口有一個坐在輪椅上的老婆婆。她黝黑、乾澀和粗糙的皮膚，就是隔著一條馬路也能感覺到。她的輪椅上掛著一把傘，還有幾個破膠袋，隨著熱風飄曳著。隔著馬路的我在想，我只是跑步，身上又沒帶錢，還是繞路進去吧。

跑完步以後，我早已把這老婦忘了。沒想到一出運動場的門口，就正面碰著這位坐著輪椅的老婦。心想：「如果她問我要甚麼，那就不妙了……」正想急步走過，她竟叫停我，向我說起話來了。其實在那瞬間，我已經挖盡我所會的閩南話向她說：「我沒有錢啊，我只是跑步而已。」可她還是對我嘰哩咕囉地說，並拿起傘來比劃。我一方面吃驚，一方面解釋。漸漸，我聽懂她的話了：「……年輕人，天氣太熱、太陽又猛。看你滿身大汗，這把傘送你吧！」那一刻的情境，到如今我還是不能忘掉。

耶穌說：「**從外面進去的不能污穢人，惟有從裏面出來的乃能污穢人。**」（七15）讀著這段經文，想著幾年前在台中那天中午的經歷，我覺得耶穌不是向法利賽人說話，而是向我說話。

講章分析

講章以耶穌的話難懂開始，一方面說明經文與會眾之間的現實距離，同時亦藉此指出會眾必須認真的學習和聆聽才能明白經文的意思（I）。這個開始固然是要營造會眾聆聽的動機，同時亦有間接教導的意義，提醒會眾必須下苦功才能深入了解經文。

講章用了相當的篇幅疏理經文難明的地方：「洗手」(II)。這是必須的，沒有充分的解釋和說明，就馬上論說這段經文的意思不是指一般人的洗手，對會眾而言是難以捉摸、不易認同的。講章從經文的上文下理，以至引用古代社會學和文化人類學的研究，說明耶穌講說的中心不在於衞生，而是在於古代的一種意識型態(III)。

講章縷述和肯定界限的角色(IV)，同時亦指出其限制和邪惡(V)，繼而逐漸從經文引伸至會眾所認識的生活裏。講章最後以個人的經歷，突然將自己(會眾)置於經文內。這樣一來，耶穌的話不再是向別人，也是向我、並所有聽這個敘述的人說的。

講章以「與上帝同席」為題，因為經文中關連的場合是筵席和食物(可七2、18～19)。雖然筵席這個概念在經文中並不明顯，只算隱晦，但以此作題，是要突出人為的劃分和界限，與上帝心意違背的對比。

馬可福音七章24～30節

與上帝同席（下）

經文

24耶穌從那裏起身，往泰爾、西頓的境內去，進了一家，不
願意人知道，卻隱藏不住。25當下，有一個婦人，她的小女
兒被污鬼附著，聽見耶穌的事，就來俯伏在他腳前。26這婦
人是希臘人，屬敍利腓尼基族。她求耶穌趕出那鬼離開她的
女兒。27耶穌對她說：「讓兒女們先吃飽，不好拿兒女的餅丟
給狗吃。」28婦人回答說：「主啊，不錯；但是狗在桌子底下
也吃孩子們的碎渣兒。」29耶穌對她說：「因這句話，你回去
吧；鬼已經離開你的女兒了。」30她就回家去，見小孩子躺在
牀上，鬼已經出去了。

解讀經文

如果說馬可福音七章1至23節是一段難解的經文，那麼緊接的這一段經文（七24～30）更是難以接受。說得準確點，經文之所以難以接受，是因為敍述中的耶穌，其不近人情的表現，實在讓人感到難以接受。

既然這段經文造成這樣的困惑，歷來的解釋似乎多在

於淡化或轉移耶穌那讓人側目的言談。有說耶穌所指的狗是寵物，有說耶穌是要試試婦人的信心，有說耶穌不過是向婦人開玩笑而已。只是這樣的解釋太過急於安撫讀經者因經文而來的不安情緒，在不經意間淡化了經文的力量，甚至有扭曲經文意義之嫌。

讀經者不安的情緒源於這段敍述中的耶穌，與其心中固有的耶穌形像相去太遠。問題是讀經者心目中的耶穌，是否完全是耶穌的反映。若能承認自己心中的耶穌並非福音書、甚至歷史中耶穌的反映，自不必將耶穌描繪成一位人見人愛、和藹可親的好好先生。事實上，耶穌的言說和職事，固然讓許多人感動，但也必定使某些人反感。讀經者太快安頓自己的情緒，反而妨礙了進入經文的意義。研讀聖經的時候，必須容許、甚至尊重困惑和難堪的存在；只要沿著荒蕪的仄徑摸索，才能有「柳暗花明又一村」的發現。

掌握這段經文的意義，先要注意場景／地方所帶來的提示。耶穌來到一個外邦人的城市：泰爾和西頓。一直以來，馬可福音敍事的發展顯示耶穌的職事對象是以色列家。故此，以色列家和外邦人是一個明顯的對比。另一方面，如果耶穌一向接觸的是鄉村，那麼鄉村和城市又是另一層的對比。這些對比和分別的層次，承接著七章1至23節的意義，就是族羣與族羣之間的界限和距離。耶穌的說話，儘管是如此的不中聽，也不過是清楚表達出隱藏的界限和藩籬。

問題的中心是，耶穌之言究竟是表達祂對界限的看法和立場？還是通過這樣的言說，既真實地突顯出界限，也表述外邦人亦在上帝救恩之內？

第一個問題的答案其實不難掌握。七章1至23節的內容已經清楚不過。耶穌對法利賽人和文士的嚴厲批評，說明祂堅持上帝的恩惠先於人的界限和分類。如果耶穌責備人為的藩籬阻礙人與上帝同席，為何祂又叫這個外邦婦人難堪？如此看來，耶穌的言說，應該是以另一種手法表述外邦人與上帝同席。

當然，這個解釋是否成立，關乎馬可福音整體對外邦人的描述。因為單就這段經文而言，我們只能肯定這個婦人至終得到耶穌的眷顧，卻無法明白耶穌言說的真正意思。所以，七章24至30節是一個極佳的例子，說明一段經文的意義(尤其在經文暗晦不明的情況下)，往往需要以更廣闊、更全面的角度對照才能顯明。

不囿於經文本身或其上下文，而參考作品整體相近的用法和意義，就是經文互涉之一的「文本內互涉」(intra-textuality)。將參照和對比的範圍推展至作品以外的其他聖經作品，是另一種經文互涉「跨文本互涉」(inter-textuality)。這些詮釋的活動，是嘗試通過比較和對照，將經文的意思作更清楚的呈現和整理。以詮釋馬可福音七章24至30節為例，讀者必須在審視馬可福音全書的同時，細看新約其他作品如何解說耶穌與外邦人的關係。

解讀會眾／處境

正如經文承接七章1至23節，這篇講章亦是接續上一篇的「與上帝同席」。無可諱言，七章24至30節對會眾造成即時的反感。但以這段經文作為講章，其挑戰在於怎樣為會眾定位。我們是停留在理解、疑惑的層次，為會眾疏解經文引伸的疑問？還是讓會眾成為那婦人，體會上帝的恩典？

這篇是主餐崇拜的講章。講道後會眾都要聚集在主餐桌前擘餅領杯。顯而易見，會眾是與上帝同席的兒女。這段經文與會眾之間的距離，會否正是會眾瞥見恩典的一個機會？

講章

與上帝同席（下）

可七24～30

I

我們曾經説過，主耶穌的話不容易理解。從馬可福音七章24至30節這段經文看來，耶穌的話有時候不僅難懂，甚至還讓人難以認同和接受。不單如此，在大多數人心目中，耶穌的形像大概是柔和、溫情和富有同情心的。但馬可福音這段經文所顯示的耶穌，卻是那麼苛刻和冷漠。

「**耶穌從那裏起身，往泰爾、西頓的境內去，進了一家，不願意人知道，卻隱藏不住。**」(可七24) 耶穌來到了泰爾、西頓的境內，這既是外邦人聚居的地方，也是近海的繁榮港市。也許耶穌真的感覺太累、太疲乏，想找個地方休息歇歇。可是，祂還未曾喘定，就得面對一個迫切的請求。「**當下，有一個婦人，她的小女兒被污鬼附著，聽見耶穌的事，就來俯伏在他腳前。**」(七25) 這個懇求來自一位希臘人，屬敍利腓尼基族。為了她的女兒，這位母親懇切地向耶穌求助，甚至俯伏在祂的腳前。

從主日學的學習和講台的教導，也許我們期望耶穌會和善地向這位婦人説：「今天實在太累了，好不好你明天再來？」又或者耶穌會為這位婦人的苦心所感動(參可六34，八2)，終於説：「好吧，婦人，你的需要是迫切的，你對女兒的愛是真摯的。我實在憐憫你和你的女兒。回去吧，她已經好了。」

不。耶穌卻說：「**讓兒女們先吃飽，不好拿兒女的餅丟給狗吃。**」（七27）耶穌冷漠的話語，就好像把門砰然地關上，把婦人無助地留在門外。耶穌的話不僅難懂，甚至讓人難以認同、接受。我想當馬可福音的讀者第一次聽到這個故事時，必定是瞠目結舌，一句話也講不出來。

II

誰也知道，這段經文成了聖經其中一段難解的經文。誰也可以想到，自古以來就有許多努力，嘗試磨平這段經文裏耶穌的棱角。例如有人認為，這段經文正好突出耶穌的人性。畢竟，經過辛苦的旅程和職事，總不免會因疲倦而有語言過重的情況。耶穌的表現，雖說是讓人難堪，總算是情有可原的。也有人認為，耶穌的冷漠，正是要試驗這個婦人的信心和迫切。更有人相信，耶穌口中的狗，是家中的寵物小狗，背後是珍愛親暱的意思。甚至有人認為，耶穌是以輕鬆幽默的語調和那婦人開玩笑。

上述的努力證實前人所言：「文字只能記錄寫下來的詞語，卻不能表達語言的語調。」無論如何，這委實是段難解的經文。

III

面對這種情況，現代人必須多了解經文背後的處境文化，免得我們囿於經文表面的意思，或是一廂情願、甚至穿鑿附會，曲解經文的意思。要理解這段經文，我們首先要掌握和體會猶太人和異族人的分別和界限。

這段經文所反映的，是一個由界限所分隔的世界。種族的界限、性別的界限，甚至貧富、城鄉間的界限。無論你是否喜歡，這也是現實。耶穌所説的不過是現實的情況，一個由種種界限所分隔出來的世界。從古到今，我們的世界處處都是界限和次序，甚至福音的傳播也是免不了。保羅不是説了嗎？「**這福音本是上帝的大能，要救一切相信的，先是猶太人，後是希臘人。**」(羅一16）無論這些界限的由來如何，其代價都是沉重的。這是現實；過去如是，今日也如是。耶穌的冷言冷語，不過是如實地呈現出界限的真相。

IV

當然，這個講法不能馬上解開我們的困惑。問題的根本是，面對把人分隔的界限，耶穌的立場究竟如何？耶穌是否肯定那些分隔，甚至按人的(種族、宗教、性別、年齡、社會)界限去拒絕、壓迫？

單從這段經文看，似乎耶穌是確認並接受了界限所帶來的結果。但如果馬可福音的讀者能仔細閱讀和回想，不難記起耶穌曾指斥法利賽人以界限將人劃分(可七1～23)。如果讀者能仔細閱讀，甚至會驚覺，這位外邦的婦人，竟然是這福音書裏第一位明白耶穌話語的人。耶穌説的話和婦人的回應，一方面是指出由樊籬所隔的族羣，同時亦透視了人可以怎樣突破界限。要衝破這些界限和籬笆，必須要像主耶穌一樣指出界限的所在，並其造成的傷害和苦痛；也要像那婦人一樣相信上帝的情愛並不在於界限。所以，耶穌的説話是突顯了界限，婦人的信心與耶穌的回應，卻清楚説明了界限已被打破。

一九八〇年代台灣解禁後，舉行多年來第一次的公開國會選舉。由於候選人必須有中學畢業的學歷，自小學畢業後就因為類風濕關節炎而無法接受教育的劉俠（筆名「杏林子」），自然因為沒有中學的學歷而無法參選。這次的申報參選過程清楚地暴露了社會的界限並它造成的不公和傷痛。一九八〇年代和以前的台灣社會，根本沒有為傷殘人士的需要作出任何相關的支援或配套。看似理所當然的按章辦事，其實就是延續不平等和欺壓的循環。因為傷殘人士根本無法享受只為一般「正常人」而設的教育和社會制度。劉俠堅持參加選舉，是突顯隱藏在社會裏的界限。正因為界限被知曉，才有化解或打破的可能性。

V

所以，真正認識並打破這個界限的，就是福音。就如説出「先是猶太人，後是希臘人」的保羅，並沒有停止指出界限，更宣告界限被除滅的福音：「在此並不分希臘人、猶太人，受割禮的、未受割禮的，化外人、西古提人，為奴的、自主的，惟有基督是包括一切，又住在各人之內。」（西三11）

試想像當外邦的基督徒，比方説在羅馬的信徒，他們聽聞猶太人的歷史和一切，沒法肯定自己的價值，他們的種族、性別、出身、社會階級，似乎説明他們不過像狗一樣，只能在桌底下等候兒女們用剩的碎渣兒。他們大概不太肯定這位救主和福音的意義。只待他們仔細聆聽耶穌的故事、擘著餅、喝著杯，他們必定驚訝，自己竟然不在桌下，而是在桌上。他們不是領受碎渣兒的狗，而是與上帝同席，領受祂身體的兒女。

講章分析

講章直接以耶穌的話叫人難以明白和接受開始，進入經文的敍述 (I) 。講章挑戰一般簡化了的耶穌形像，讓會眾面對這位耶穌。也許只有這樣才能真的聽到祂的聲音。

講章列舉出幾個流行、但僅屬嘗試化解困窘的解釋 (II) ，並指出我們的解釋必須從經文本身的文化、歷史和目的著眼 (III) 。講章進而指出經文對現代人所造成的難處，源於界限分明的世界觀和文化處境 (IV) 。作為一個身處當時處境的人，耶穌的言說並不是現代人所想的匪夷所思，而是突出這個問題的真實和嚴重性。

講章進一步從福音書的整體和新約其他經文 (V) 的對照，演繹出這個敍述的功能。

馬可福音九章2～9節

在這裏真好

經文

2過了六天，耶穌帶著彼得、雅各、約翰暗暗地上了高山，
就在他們面前變了形像，3衣服放光，極其潔白，地上漂布
的，沒有一個能漂得那樣白。4忽然，有以利亞同摩西向他
們顯現，並且和耶穌說話。5彼得對耶穌說：「拉比〔就是夫
子〕，我們在這裏真好！可以搭三座棚，一座為你，一座為
摩西，一座為以利亞。」6彼得不知道說甚麼才好，因為他們
甚是懼怕。7有一朵雲彩來遮蓋他們；也有聲音從雲彩裏出
來，說：「這是我的愛子，你們要聽他。」8門徒忽然周圍一
看，不再見一人，只見耶穌同他們在那裏。9下山的時候，
耶穌囑咐他們說：「人子還沒有從死裏復活，你們不要將所
看見的告訴人。」

解讀經文

這個被稱為「登山變像」的敍述，無疑是另一段難解的經文。不過，這也是一段宣講者頗為喜愛的經文。一般的宣講，通常集中從「不見一人，只見耶穌」(可九8) 演繹專

注仰望耶穌的教導。亦有將焦點放在「在這裏真好」(九5)，強調信徒不要留戀一時的光景。

就馬可福音的敘事而言，這段經文的重要性不遜於第八章「凱撒利亞腓立比的認信」，因為這是繼凱撒利亞腓立比之後，另一個直接向門徒披露耶穌身分的敘述。顯而易見，這段經文的中心是耶穌。如果經文將門徒牽涉在其內的話，那是要陳述他們如何面對耶穌身分的彰顯。

但就耶穌身分的彰顯，解釋仍然有好幾個可能性。有學者指出這個敘述的用語和場景與復活的敘述相似，所以耶穌身分的彰顯，應以復活的角度為詮釋的基礎。也有學者認為，這段經文與舊約中摩西在西奈山的經歷相近，更有學者提出耶穌變像與傳統中神人在禱告中變像相似。

另一個釋經的可能性，就是在確認馬可福音以此敘述披露耶穌為上帝的兒子的同時，不企圖為這個彰顯完全定位。換言之，這是一個神現(theophany)的敘述，而在祂跟前的門徒，就是處身在一個崇拜的經驗裏。

所以，這段經文的解釋和演繹方向，固然可以集中在耶穌，亦可以朝門徒方面發展。如果以耶穌的身分演繹，宣講者宜就上述的可能性作出詮釋的決定，進而思考演繹的可能。如果以耶穌變像為神現而不作深論的話，宣講者可以從敘述中去解釋和演繹門徒的反應。然而，在這類的詮釋過程中，宣講者的解釋和演繹必須緊貼經文，以免讀入過多的心理詮釋。以下的講章採取第二個進路，其中又特別以門徒的說話回應作為深入思考的起點。

解讀會眾／處境

在預備「變像主日」的講章的時候，心中一直思忖這段經文對會眾的意義。從狹義的角度說，登山變像的經歷只是歷史的片段。但從廣義看，登山變像應該是會眾可以體會和認同的經驗。然而，經文的記述怎樣才能成為會眾的經歷？

在眾多的可能性裏，我嘗試讓會眾成為目擊耶穌變像的門徒。他們面對這突如其來的反應，可能是會眾的反應嗎？換句話說，會眾在他們的處境裏，會有同樣的反應嗎？我說的「突如其來」，還不僅是山上，也可以在幽谷或曠野裏。無論是哪種情景，詞窮語拙、不知所措的經驗，會眾都不會感到陌生。

經文的場景和主題使我想到崇拜。誠然，言不及義的經驗也包括崇拜的時候。都說崇拜是朝見上帝，面對上帝的彰顯，人的語言和反應是有限制的。但人在崇拜中的沉默，固然是因為「不知道說甚麼才好」，另一方面，不少會眾之所以閉口不言，是因為心中的恐懼和傷痛。還有那由於自我而不能信靠上帝而說話的人。想及此，我體會這段經文的呼喚：「這是我的愛子，你們要聽他。」

講章

在這裏真好

可九2～9(10)

變像主日

I

差不多二十年前，我還是一個年輕的傳道人。幾年的訓練和學習，正是為要幫助或牧養弟兄姊妹。離開學院不久，我在一間教會裏當傳道人。某次，助道會裏一位姊妹的親人去世了。我和幾位助道會會友聯袂探望這位姊妹。當她一看見我，說著：「孫先生……」，眼淚就忍不住流出來。我一時間找不到合宜的話，馬上拍著她的肩就說：「不要哭，不要哭。」當天晚上在回家的路上，心裏一直為自己的話懊惱。「在這樣難過傷痛的時候，試問又怎麼可以不哭呢？」我一直為自己的拙口笨舌感到羞愧。

雖然如此，我倒是學會了一個功課。原來我們的語言是很有限的。平常還不覺得怎樣，在特別的時刻，我們的言語就變得極其有限、甚至無知了。我們不是有「難以言傳」的講法嗎？我們不也常說「非筆墨所能形容」嗎？在極度喜樂的當兒，還需要甚麼言語嗎？在極其難過、失望、沮喪、恐懼和憤怒的時候，我們的說話也不管用。無論你要讚美或是咒詛，安慰或是責罵，申辯或是質詢，我們總覺得詞窮語拙。話不錯是說出來了，往往不是過了火就是詞不達意。

為此緣故，我是很能明白、甚至同情彼得的。畢竟，在遇上這樣特別的情況，經歷這樣的時刻，彼得能説甚麼合宜的話呢？彼得很努力地吐出這樣的話：「**老師，我們在這裏真好。唔……讓我們蓋三座棚，一座為你、一座為摩西、一座為以利亞。**」(參可九5)假如彼得覺得很不錯的話，倒是馬可感覺有點尷尬，他補充説：「**彼得不知道說甚麼才好，因為他們甚是懼怕。**」(九6)

可不是嗎？在這樣的時刻，誰又能説出合宜的話來？公平的説，馬可也不見得比彼得強。馬可的一番話「**衣服放光，極其潔白，地上漂布的，沒有一個能漂得那樣白**」(九3)也不見得高明。聖經研究學者説，馬可這兒的文字其實是相當累贅的。我倒認為他類比的層次低了點。換了我，也許我會寫「衣服放光，極其潔白，就如朝陽綻放的光線，輕掃著白雪皚皚的黑門山頂。」但馬可只能想到城裏漂布的，這不是很讓人感到洩氣嗎？

II

然而，試問誰又能説出合宜的話語呢？在這座山上，經歷這樣的情景，誰又能説出合宜的話來呢？畢竟，這是個不尋常的時刻。歷來研究馬可福音的人，提出第九章有關耶穌變像的理論，少説也有四、五個：希羅背景的神人彰顯，天啟式神的顯現，類似舊約西奈山的經歷，復活的預表(或是回憶)等等。

然而，這是馬可福音清楚指出耶穌是上帝之子的三個記述(第一章的耶穌受浸、第十五章的耶穌被釘，並第九章的登山變像)之一。顯然，馬可福音第九章所要啟示的是耶穌的身分。馬可要記述的是門徒崇拜上帝的兒子、經歷上帝兒子的記述。在這座山上，彼得、雅各和約翰三人經驗了無可比擬的神聖一刻，瞥見了上帝的榮耀。在這樣的經歷下，語言實在是有限。彼得只能說「我們在這裏真好！」(九5)，而馬可就只會說「地上漂布的，沒有一個能漂得這樣白。」(九3)

III

換了是你，你會說甚麼話呢？

也許我們會愈更明白、甚至欣賞那些重視崇拜傳統的教會。他們在崇拜裏所作的禱告都是千錘百煉的語言，他們的禮儀文都是細心推敲和雕琢的。他們所讀的是經年累積的瑰寶，百年歷史的並不是罕見。你可以說這些語言「過時」、「不適切」、「陳腔濫調」、「僵化」，但你得明白並承認，他們是竭力在崇拜裏說合宜的話。

IV

然而，這段經文的中心不在於人的話語。換言之，關鍵不在於彼得或任何人，是否能在這樣的情況下講出合宜的話。問題在於他們是否願意聽到上帝的聲音，看到耶穌的慈容。在一切的光輝過後，他們能否看見耶穌。在雲彩消散，他們是否仍然聽到「這是我的愛子，你們要聽他」(九7)？

誠然，問題不在於我們是否能在崇拜或在要緊關頭說出合宜的話。畢竟，每個人都有不同的能耐。事實上，今早崇拜的弟兄姊妹，都帶著不同的故事和體會。

有些不知道該說甚麼才好，有些甚至不想說任何話；

有因為太快樂和興奮而不能誠懇地認罪；

有因為太滿足而不懂得祈求；

有因為太憂傷而不能讚美；

有因太懷疑而不能相信……

關鍵不在於彼得或任何人，是否能在這樣的情況下講出合宜的話。問題是他們是否願意聽到上帝的聲音，看到耶穌的慈容。

所以，今早在崇拜裏，也許你瞥見了潔白的光芒，燦爛的雲彩。但你也可能仍為烏雲所遮蔽，你所體會的只不過是混亂、困惑、不平、憎恨，爭戰，甚至罪疚。我希望你透過崇拜裏所唱的詩歌、所讀的經文、所作的禱告，能聽見上帝的聲音：「這是我的愛子，你們要聽他。」我禱告你能看見耶穌在你身旁。無論你的話是否合宜，聖靈還是用說不出來的歎息為你祈求。無論你能不能說出你的難處和需要，主耶穌也在父上帝的右邊為你們祈求。

> 況且我們的軟弱有聖靈幫助，我們本不曉得當怎樣禱告，只是聖靈親自用說不出來的歎息替我們禱告。鑒察人心的，曉得聖靈的意思，因為聖靈照著上帝的旨意替聖徒祈求。我們曉得萬事都互相效力，叫愛上帝的人得益處，就是按他旨意被召的人……誰能定他們的罪呢？有基督耶穌已經死了，而且從死裏復活，現今在上帝的右邊，也替我們祈求。（羅八26～34）

講章分析

講章以個人的經歷語言在非常處境中的限制，代入經文中彼得和門徒的體會。講章甚至從敘述語言的表層，指出經文本身的限制(I)。這些的縷述，無非是強化人在上帝面前其語言無助的現實。講章藉學者意見的交待(沒有詳盡，避免分散)，指出在敘述中的經歷如是，在闡釋敘述的學術亦如是(II)。

講章將焦點集中在崇拜的討論，也是將會眾與敘述連結在一起(III)。最後(IV)，講章嘗試縷述人在崇拜中不言不語的原委，除了語言的限制，更是心靈的枯萎和乾涸。講章以向上帝的祈求，邀請會眾聆聽和注目上帝的聲音。

馬可福音十六章1～8節

不一樣的清晨：「非典型」下的復活節

經文

1過了安息日，抹大拉的馬利亞和雅各的母親馬利亞並撒羅
米，買了香膏要去膏耶穌的身體。2七日的第一日清早，出
太陽的時候，她們來到墳墓那裏，3彼此說：「誰給我們把石
頭從墓門滾開呢？」4那石頭原來很大，她們抬頭一看，卻見
石頭已經滾開了。5她們進了墳墓，看見一個少年人坐在右
邊，穿著白袍，就甚驚恐。6那少年人對她們說：「不要驚恐！
你們尋找那釘十字架的拿撒勒人耶穌，他已經復活了，不在
這裏。請看安放他的地方。7你們可以去告訴他的門徒和彼
得，說：『他在你們以先往加利利去。在那裏你們要見他，
正如他從前所告訴你們的。』」8她們就出來，從墳墓那裏逃
跑，又發抖又驚奇，甚麼也不告訴人，因為她們害怕。

解讀經文

馬可福音十六章1至8節為詮釋聖經的人留下兩個疑難。首先是有關「文本」(textual) 上的問題；其次是敘事上的疑難。

細心閱讀聖經的讀者大概會知道，根據經文鑒別學(textual criticism)的研究，在最可靠和古老的馬可福音抄本裏，十六章8節就是全卷福音書的完結，而第9節往後的經文，都是比較後期的抄本所提供的經文。[1]根據鑒別學的原則，十六章9節往後的經文，並不屬於馬可福音原始的文本。所以，若詮釋者以忠於馬可福音為大前題，其解釋或宣講應要以十六章8節為終點。

然而，從表面看來，十六章8節並不是一個好的結束。從敘述的發展講，這段經文並沒有為所帶出的期望畫上圓滿的句號：天使吩咐婦女將耶穌復活的消息告訴彼得和其他門徒，但「她們就出來，從墳墓那裏逃跑，又發抖又驚奇，甚麼也不告訴人，因為她們害怕」(可十六8)。這一種未完的感覺，沒有妥善處理這段經文的張力，更遑論為整卷福音書提供了解耶穌身分的角度。

馬可福音十六章1至8節的內容是挺讓人失望的。相對於其餘三卷福音書(太二十八16～20；路二十四1～53；約二十1～31，二十一1～25)，馬可的結尾不僅是失色的敍述，更是暗淡的神學。耶穌沒有顯現、門徒沒有醒悟、沒有大使命、沒有應許。難怪後來抄寫經文的基督徒，也忍不住將經文擴充至圓滿的結局了(即9至16節)。

不過，如果馬可福音正如經文抄本證據所示的，確實完結在十六章8節，那麼詮釋者就必須要尊重經文的整體。正如馬可福音以這樣的結語在早期教會中間流傳，也可以向現代的會眾説話。

1 有關馬可福音十六章9至20節的漢語討論，可參盧龍光編，《讀經・研經・釋經》，傳經講座系列2(香港：香港中文大學崇基神學組，2000)，頁39～75。

另一可面，馬可福音的結語無疑似是未完的敍事，但這會否是個懸念 (suspense) 呢？馬可福音委實沒有完全疏解問題的全部，但這個張力會否成為挑戰讀者聽眾更深入思考的動力呢？如果馬可福音沒有「完結」這福音書，他是否在邀請讀者和聽眾「完成」這福音呢？如果馬可沒有為敍述寫上「句號」，那麼宣講者也就不必勉強為之。

無論如何，馬可福音有關復活清晨的敍述，確實是與眾不同的，用今日的講法是「不一樣」、「非典型」。

解讀會眾

預備這篇講章的時候，正值「非典」(「非典型肺炎」的簡稱，香港通稱為「沙士」，指嚴重急性呼吸系統綜合症) 肆虐香港和鄰近地區的時候。社會每一個階層都深受疫情的影響，教會也不例外。在復活節的時候，既是教會的復活節期，也是防疫措施緊張的時候。一直以為理所當然的節期、活動和計劃，一下子都變得脆弱變幻了。

馬可福音的結語，突然顯得如此的真實和適切。在過去理所當然的日子裏，我們慣常地唱復活節詩歌，宣告主耶穌復活；但在非典型肺炎陰影下的日子，又是怎樣的一回事？我們得重新再思想；思想我們的信仰、生活和次序。

以往當我們讀到馬可福音這段經文時，不禁為婦女們的反應感到納悶，甚至失望。在「非典」的復活節，我們卻驚覺自己與那些婦女竟然如此接近。

講章

不一樣的清晨：「非典型」下的復活節

可十六1～8

都說復活節的早晨是不一樣的清晨。這在西方尤其明顯。在西方，特別是在北美教會，女士們都會在復活節的清晨穿上最美麗的服飾、戴上最時髦的帽子。婦女的衣著和服飾似乎不忘告訴人們，復活節的早晨是不一樣的清晨。

就連孩童也知道這是不一樣的清晨。從他的母親和姊妹的衣著、自己收到的禮物、尋蛋遊戲、復活兔等等，他們準知道這是不一樣的清晨。

如果教會在平日遭受忽視的話，那麼教會在復活節的佈置、幡旗、鮮花、特別程序設計和音樂節目上，就要讓四周的人知道，復活節是不一樣的崇拜，復活節的早上是不一樣的清晨。

可問題是，究竟復活節是不是真的如我們所唱、所禱告、所說的那麼不一樣呢？其實這不僅僅是我們的問題，也是早期教會的問題。當早期教會聚集記念主復活的時候，他們也在問自己：「復活節果真如我們所說、記念的不一樣嗎？若然，我們又應當怎樣過往後的生活？」

例如，約翰福音就如此載述復活節的清晨：

> 七日的第一日清早，天還黑的時候，抹大拉的馬利亞來到墳墓那裏，看見石頭從墳墓挪開了，就跑來

見西門彼得和耶穌所愛的那個門徒……兩人同跑，那門徒比彼得跑的更快，先到了墳墓，低頭往裏看，就見細麻布還放在那裏，只是沒有進去。西門彼得隨後也到了，進墳墓裏去，就看見細麻布還放在那裏，又看見耶穌的裹頭巾沒有和細麻布放在一處，是另在一處捲著。先到墳墓的那門徒也進去，看見就信了。（因為他們還不明白聖經的意思，就是耶穌必要從死裏復活。）於是兩個門徒回自己的住處去了。（約二十1～10）

我們難免感到困惑，如果復活節是不一樣的清晨，那門徒又為何只是「回到自己的住處」？他們又會如何面對前面的日子呢？

路加福音也有類似的敘述：

七日的頭一日，黎明的時候……彼得起來，跑到墳墓前，低頭往裏看，見細麻布獨在一處，就回去了，心裏希奇所成的事。正當那日，門徒中有兩個人往一個村子去；這村子名叫以馬忤斯……（路二十四1～24）

復活節果真是如此的獨特、如此的不一樣嗎？

馬太福音也不例外：

十一個門徒往加利利去，到了耶穌約定的山上。他們見了耶穌就拜他，然而還有人疑惑……（太二十八16～18）

在這不一樣的清晨裏，還是有人疑惑。這是早期教會所思考的問題。

在所有福音書的復活記述裏，馬可福音是讓人最摸不著頭腦的：

> 過了安息日，抹大拉的馬利亞和雅各的母親馬利亞並撒羅米，買了香膏要去膏耶穌的身體。……那少年人對她們說：「不要驚恐！你們尋找那釘十字架的拿撒勒人耶穌，他已經復活了，不在這裏。請看安放他的地方。你們可以去告訴他的門徒和彼得，說：『他在你們以先往加利利去。在那裏你們要見他，正如他從前所告訴你們的。』」她們就出來，從墳墓那裏逃跑，又發抖又驚奇，甚麼也不告訴人，因為她們害怕。（可十六1～8）

在這個不一樣的清晨，婦女和門徒的反應卻是如此耐人尋味。根據最古老和最可靠的抄本，馬可福音的最後一節就是第8節。換言之，馬可福音就完結在這個讓人困惑的問題上。復活節的早上，真是不一樣的清晨嗎？這是早期教會的問題，也是我們的問題：「復活節的早上，果然是一個不一樣的清晨嗎？若然，耶穌的門徒以至我們，又該如何面對前面的生活？」

其實，我覺得並不是所有人都一定對「不一樣」感到雀躍。也許人愈年長，愈對「不一樣」感到抗拒。有人曾說過：「拜託、拜託，千萬不要給我甚麼不一樣。我只希望每天早上起來，能看到那雙擱在牀邊的拖鞋，看到桌上有當天的報紙、慣用的早餐。我可不要甚麼不一樣。」所以，儘管我們不停的唱詩、讀經、禱告説，這是不一樣的早上，我還不是很確定，我們是否真的那麼歡迎「不一樣的清晨」。所以，「不一樣」並不是所有人的期盼，尤其當不一樣成了「非典型」。

但無論你喜歡不喜歡，我們還真不能避免「不一樣」的來臨。在我們的生活和生命裏，總會遇上不一樣的時機和處境。就是今天也是不一樣的早上。我説二〇〇三年四月二十日的這個崇拜，就是一個不一樣的崇拜——我們每一個人都戴上了口罩。在我的記憶裏，這個模樣確實是從來沒有出現過的。可我們也不能不承認，我們是被迫進入這個不一樣的崇拜裏。在這個不一樣的處境裏，我們一切的計算、籌劃都變得徒然。

有誰能想像全會眾戴上口罩聚會？

有誰想到每年復活節崇拜必有的小孩子獻詩也取消了？

有誰估計我們的詩班因無法練習而未能在這個清晨獻唱振奮的歌曲？

有誰知道要被迫取消本來安排好的旅程？

可在這個不一樣的處境裏，你我就不得不認真看看一些我們以為理所當然的人和事了。過去的幾個星期在家裏無聊之際，小孩就和我玩一個遊戲。遊戲的玩法是看戴了口罩後，對方能不能猜出自己究竟是在笑還是在生氣。於是，我們就戴上了口罩，凝視著對方。突然，我發覺我已好久未有認真看我的女兒了。（我想，她們也沒有好好的看我吧？）

戴上口罩之後，我們之間好像有了隔障，可又給我們機會好好的觀察對方。不是嗎？崇拜後，你既然因為別人戴上了口罩而不能一下子認出對方的身分，你就必須費一點勁看看對方，和對方談談。在平常的日子裏，我們就知道彼此，也不必費力辨認。所以，崇拜後也就自然這裏一堆，那裏一羣的聚攏在一起。可就是這樣，我們便遺漏了那些我們不太熟悉、不覺得起眼的來賓和肢體。

沒有了獻唱的崇拜，讓我們突然有意識地從觀賞轉為投入崇拜。在平常的日子，我們是藉著詩班帶領我們崇拜；可在簡單和有限資源的情況下，我們每一個人都要投入崇拜。過去我們以聽的果效決定崇拜；但在有限制和不一樣的處境下，我們學會禱告，為自己禱告，為別人禱告。

在過去這段艱難的日子裏，我們體會了繁榮和財富的脆弱，但同時也看見了同心關懷所帶來的力量。在過去，生命的損失，只要不是自己所熟悉的親友同事，儘管勾起傷感，但也不過是報紙上一則消息甚至數據而已。可在這些日子裏，我們每天都注視到感染的案例、逝去的生命和家庭。在這段最困難的日子裏，報章上、電台裏，充滿了慰問、祝福、打氣、肯定和鼓勵的語句。以前只顧糾纏種種身外之物的人，都重新學會了重視身體、健康、家人。我們還沒有提到這段日子所暴露出的種種問題，其實可能會將這個城市、甚至國家推向一個新的契機。

然而，我們不能不説，這段是「不一樣」的日子。當我們遇上了不一樣的日子，我們將會如何自處？

在那個不一樣的清晨，婦女們怎樣回應呢？在那天清晨，婦女來到墓前。她們是按著傳統的規矩與習俗，出於禮儀和情愛，帶著香膏，就像任何一個猶太人所能理解的方式一樣，膏抹耶穌的身體。可是天使告訴她們説，耶穌已經復活了⋯⋯那是個不一樣的清晨。門徒將要如何面對和繼續生活呢？「復活節的清晨，果然是如我們所認信、唱頌、禱告的獨特和不一樣嗎？」這是馬可福音留給教會的問題，也是向我們提問的問題。

在這個不一樣的清晨，你又如何？在前天晚上的受苦節默想崇拜裏，我們一再藉著詩歌和禱告，記念我們身處的世界、社會和弟兄姊妹。在重複的詩歌裏，我們知道並且承認，我們所面對的苦痛和難過是一樣又一樣的真實和重複。可你得記起，在受苦節的崇拜裏，我們以「將一切重擔交給主」這首詩歌結束。在今天早上，我們從開始崇拜就宣告、唱頌、承認我們的主耶穌已經從死裏復活，克勝了一切壓抑、阻隔和絆跌我們的重擔。這是不一樣的清晨，你要如何回應，如何走前面的路？你會回到前天的晚上，拾起那已經卸下的重擔，再一次放在自己的肩膀，還是……

講章分析

這是一篇「敍述式」講章（narrative sermon）。敍述講章不是講故事，也不一定有許多的故事例證。宣講學所說的敍述講章，是指講章的結構和發展（movement）有一定的情節和佈局（plot），而不是以一點、兩點或三點等規劃。「不一樣的清晨」裏所述的句子，就是全篇講章的發展階段（move）。整體而言，這些階段構成了一個陳說的關係、邏輯和動力：

> 都說復活節的早晨是不一樣的清晨。
>
> 可問題是，究竟復活節是不是真的如我們所唱、所禱告、所說的那麼不一樣呢？

其實，我覺得並不是所有人都一定對「不一樣」感到雀躍。

但無論你喜歡不喜歡，我們還真不能避免「不一樣」的來臨。

可在這個不一樣的處境裏，你我就不得不認真看看一些我們以為理所當然的人和事了。

在那個不一樣的清晨，婦女們怎樣回應呢？

在這個不一樣的清晨，你又如何？

一般來說，敍述講章的情節可以從經文引伸出來，即按經文本身的敍述次序或佈局演繹，亦可以因應宣講者的體會和安排重新組合。「不一樣的清晨」這篇講章是介乎兩者之間。我基本上是以經文的敍述為藍圖，再加入會眾的經驗，或認同、或澄清、或質疑，最後是回到經文的主角：婦女，從而邀請會眾作出回應。請注意，經文的結語是開放的。講章的結束同樣是邀請會眾自我完成。

值得一提，講章的開放式結束，並不表示宣講者草草收場，或任由會眾隨意解讀。正如敍述者(narrator)有其敍述角度和價值，宣講者亦有他對講章的憧憬。開放並不是表示不願意負責。事實上，開放的講章所要求的預備可能更多。宣講者必須在神學、經文、倫理、牧養下都作充足的預備，才能說開放的講章。不然就是逃避責任、濫竽充數，甚至有瞎子領路的危險。

出埃及記二十章1～17節

生命之路

經文

[1]上帝吩咐這一切的話說：[2]「我是耶和華——你的上帝，曾
將你從埃及地為奴之家領出來。[3]除了我以外，你不可有別
的上帝。[4]不可為自己雕刻偶像，也不可做甚麼形像彷彿上
天、下地，和地底下、水中的百物。[5]不可跪拜那些像，也
不可事奉它，因為我耶和華——你的上帝是忌邪的上帝。恨
我的，我必追討他的罪，自父及子，直到三四代；[6]愛我、
守我誡命的，我必向他們發慈愛，直到千代。[7]不可妄稱耶
和華——你上帝的名；因為妄稱耶和華名的，耶和華必不以
他為無罪。[8]當記念安息日，守為聖日。[9]六日要勞碌做你一
切的工，[10]但第七日是向耶和華——你上帝當守的安息日。
這一日你和你的兒女、僕婢、牲畜，並你城裏寄居的客旅，
無論何工都不可做；[11]因為六日之內，耶和華造天、地、海，
和其中的萬物，第七日便安息，所以耶和華賜福與安息日，
定為聖日。[12]當孝敬父母，使你的日子在耶和華——你上帝
所賜你的地上得以長久。[13]不可殺人。[14]不可姦淫。[15]不可偷
盜。[16]不可作假見證陷害人。[17]不可貪戀人的房屋；也不可
貪戀人的妻子、僕婢、牛驢，並他一切所有的。」

解讀經文

教會在詮釋和宣講舊約的律法和誡命時，必須真誠地面對一個問題：「如何看待舊約中有關律法和誡命的經文？」一直以來，許多基督徒對舊約律法採取消極和負面的態度，或受過猶不及的信仰主題所塑造、或受過度簡化的神學架構所教導、或受片面的新約釋經所影響，認為律法是壓迫人的重擔，是不合時宜的老調重彈，是與真理違背的屬人救法。以這樣的觀點解讀舊約的律法和誡命，其結果是可以預料的。一是以靈意的方式解經，將誡命律法轉化成為屬靈教導，以掩蓋過時的字面意義。二是以分裂的心態詮釋和應用舊約的律法：一方面強調福音超越律法，同時卻義無反顧、選擇性地實踐(或要求別人實踐)律法的要求。三是從詮釋並對比律法經文和新約教導，從而顯示新約比舊約大大優越。

在詮釋和宣講舊約律法或誡命的經文之前，宣講者應該先深入思考和評估自己和會眾對這些經文的認識，並相關的解釋習慣。

上文所說的「過猶不及的信仰主題」，是指教會對恩典的理解和體會。誠然，在教會的歷史裏，不少先賢(例如奧古斯丁、馬丁路德)在信仰經驗中對人的局限和無能之體會特別深刻，因而對表述人的奮進和努力的律法採取較消極的態度和立場。在信仰經歷的角度講，這無疑是極具洞見的睿智；但就釋經的立場而言，卻可能因信仰的經驗而抹殺了經文的背景和憧憬了。

與此相近的是過於簡化的神學架構。其中最廣為華人教會所熟悉的表述，就是所謂的「律法時代」和「恩典時代」

的劃分。[1]這種以個別的神學框架為主導的信仰型態，容易將經文置於某種的神學假設之下，並將經文與經文之間(如新約對舊約)作出已經預設結果的對比。遺憾的是，這種解經是支持個別的神學立場，多於從經文的本身和背景開展詮釋。這種演繹其實不能讓人明白經文。由此引伸出來的宣講，嚴格說來，亦不能算是聖經的宣講(biblical preaching)。

無論是側重一方的信仰主題，抑或是簡化了的神學架構，以上的解釋型態，某程度上都與對新約的掌握分不開。這些解釋以偏蓋全地認為，所有法利賽人(他們代表了猶太教和律法)都是與耶穌作對、並且是祂所唾罵的敵人。所以，耶穌職事以至新約的寫成，足證舊約律法已成為過去。孰知福音書裏的法利賽人僅是「福音書裏」的猶太領袖，既不完全反映耶穌時代的猶太教師，也不是猶太信仰的充分和必然代表。事實上，新約聖經不乏對耶穌的職事和工作有積極態度的猶太人和領袖。再者，耶穌在馬太福音裏的說話，足以消解這種看待舊約的信念和態度：

> 莫想我來要廢掉律法和先知。我來不是要廢掉，乃是要成全。我實在告訴你們，就是到天地都廢去了，律法的一點一畫也不能廢去，都要成全。所以，無論何人廢掉這誡命中最小的一條，又教訓人這樣做，他在天國要稱為最小的。但無論何人遵行這誡命，又教訓人遵行，他在天國要稱為

1 時代論(Dispensationalism)的其中一種觀點將歷史上的時期分為三個階段：律法時代、恩典時代、末世時代。另有將啓示錄中七間教會解讀為七個時代的。參吳獻章，《啓示錄導論》(香港：基道，2003)，頁148及以下。

大的。我告訴你們，你們的義若不勝於文士和法利賽人的義，斷不能進天國。（太五17～20）

最後，對新約聖經理解不足，原因也在於對保羅作品和生平的誤解。毋容置疑，律法和恩典的關係是保羅生平職事中的一個重要題目。但以為保羅皈正基督後，就摒棄、甚至否定律法，卻無疑是一個讓人遺憾的誤解。研讀聖經的人都會知道，保羅就律法的討論和抒發，都是他書信中的部分內容。這些書信都是因應特別的問題和處境而發出的；所以，保羅對律法的觀點和態度，亦必須從這些書信的內容和處境了解。細心地研讀，不難發現保羅對律法的態度，並不是一般人所認為般簡化和負面。[2]

上述的討論，嘗試指出某些解釋舊約律法經文的立場及其背後思想。但在一般的信徒心中，往往亦只視經文所記述的律法誡命為過時的道德標準。所以，宣講者要傳講舊約的律法或誡命經文，必須先對經文有深入的了解，進而引導會眾體會其中的意義。

顯而易見，在談論經文是否適切現代社會之前，首先要探索和了解經文的背景、功能和意義。換言之，現代讀者欲明白聖經中的律例，必須先認識舊約中記載律法和誡命的敍事。舊約聖經中的律法和條例，源於出埃及記的記敍（出一至十九章）。誡命的曉示（二十1～17）與隨後的條例（二十一、二十二章，另參申命記、利未記等有關經文），都是以出埃及記的事件為基礎。即使是出埃及記所述的誡命，亦是以上帝帶領以色列人出埃及為前題：我是耶和華

2 參http://www.thepaulpage.com/，二○○四年二月一日。

你的上帝，曾將你從埃及地為奴之家領出來。

換言之，舊約聖經之所以記述律法，目的不在於誡命本身，而是在於那啟迪和曉示誡命的上帝；這位上帝正是帶領和引導他們離開為奴之地的主宰。從另一個角度講，律法和誡命的恪守與否，本質上不是守法或違法的問題。律法和誡命所指向與表述的是那位拯救的上帝，所以律法和誡命的傳承，根本就是不折不扣的認信。舊約所縷述的誡命，並不是法典，乃是上帝屬意的羣體之生命特質。律法誡命和遵守，是說明上帝的心意，是表述羣體之生命的方向和價值。

舊約律法的冠冕，自然是十誡。所以，對信仰羣體而言，十誡的重要性毋容置疑。但就十誡的詮釋和宣講而言，卻不是理所當然的。深入的研讀和思考，不單只能為詮釋帶出多角度的考慮，同時亦會為宣講提供方向。

歷來學者的研究已經發現，類似十誡的條文見於五經中不同的地方（出三十四17～26；利十九；申五6～21，二十七15～26），其中又以申命記五章的記載與出埃及記二十章的誡命最為相近。至於「十誡」（the ten words）一詞連帶具體誡命內容的陳述，實在只見於出埃及記三十四章28節（參申四13，十4）。

> 上主說：「我是上主——你的上帝；我曾經領你從被奴役之地埃及出來。我以外，你不可敬拜別的神明。不可為自己造任何偶像；也不可仿造天上、地上，或地底下水裏的任何形像。不可向任何偶像跪拜或事奉，因為我是上主——你的上帝；我絕不容忍跟我對立的神明。恨惡我的人，我要

懲罰他們，甚至到三、四代的子孫。但愛我、遵守我命令的人，我要以慈愛待他們，甚至到千代的子孫。不可濫用我的名；凡濫用我名的人，我——上主、你的上帝一定懲罰他。要遵照我——上主、你上帝的命令，謹守安息日為聖日。你有六天可以工作；第七天是分別歸我的安息日。這一天，無論是你、你的兒女、奴婢、牛驢、牲畜，或僑居的外族人，都不可工作。你的奴婢必須跟你一樣休息。你要記住，你曾經在埃及作過奴隸；我——上主、你的上帝以大能大力把你搶救出來。所以我命令你，你必須遵守安息日。要遵照我的命令孝敬父母，好使你事事順利，在我要賜給你的土地上享長壽。不可殺人。不可姦淫。不可偷竊。不可作假證陷害人。不可貪戀別人的妻子；也不可貪圖別人的房屋、土地、奴婢、牛驢，或其他東西。」（申五6～21，《現代中文譯本》）

從這些經文的記述所見，在信仰羣體的歷史裏，顯然有不同的誡命版本。這個現象說明了一個現實，信仰的羣體曾在歷史的不同處境裏，重新演繹和詮釋十誡。聖經學者曾將舊約聖經的誡命，與近東文化的律例作比較。這些研究得出結論，即使今天無法完全掌握誡命律例的歷史起源、傳述、形成的過程，誡命在信仰羣體中有核心和無可取代的位置。誡命之訓喻和精簡的形式，顯示出它是源於崇拜的處境。

十誡律例最終的重要性，並不是在於誡條本身，而是在於它的來源，即曉示誡命的上帝。事實上，單就誡條而言，以色列民族所珍重和恪守的，與近東的文化並沒有太大的分別。所以，詮釋和應用舊約聖經誡命的要領，不應單著眼在誡條字面的意義和文化背景上。

詮釋誡命不能單從律法的要求和實踐的層次看，因為舊約聖經每當觸及誡命的時候，向來都不是從這種方向講的。就以出埃及記二十章來說，這段經文的重要性不是來自誡命本身，而是來自它所指涉的：上帝的彰顯。從出埃及記的敍事看，誡命不能抽離上帝在西奈山向以色列人彰顯的啟示。誡命所指向的是那位向人啟示的上帝。嚴格說來，誡命根本不是要求人遵守一些條文規矩；誡命是邀請人認識這位上帝的性情，並與祂建立契約。出埃及記二十章18至21節所記述民眾的反應，清楚說明誡命之表述重點在於對上帝的回應而不在於條文規矩。以後在先知書中的教導，亦以此為歸依（例如耶七9；何四2）。

十誡的意義是從上帝的自我彰顯，引伸至上帝和人之間的恩約。由這個約的關係，延伸至羣體間的相互關係，成為羣體生活的規範。由此可見，誡命並不是提升個人的修養或靈性的培養。誡命的恪守，表述了關係的實踐和延續。換言之，觸犯誡命是表述了悖逆上帝和人的關係、扭曲人與人之間，甚至大自然的關係。

由此可見，誡命律法指示的是生命的道路，不是死硬的禮教規條。如此一來，十誡的詮釋方向，不能僅滿足於某個時空的倫理抉擇，而是如何配合體會和實踐上帝的心意。事實上，無論是十誡抑或其他律法，舊約聖經的誡命都無法全然覆蓋或描述古往今來形形式式的處境和問題。以禮教規條式的觀點看待誡命，無疑是本末倒置，將律法誡命的原委和精神棄置了。

解讀會眾／處境

一般會眾對舊約的律法和誡命往往有矛盾的感覺。無論是基於神學的理由、聖經的理解，抑或是實踐的原因，會眾對舊約的律法和誡命的聯想，大概是「律法主義」或「不合時宜」。

在強調自由和主權的這個時代，律法誡命尤其沒有市場。至少，這個詞彙的表面意義並不討人歡心。在知識爆炸和教育普及的社會和國家，更多人認為講律法誡命就是侮辱；畢竟，只有那些無知落後、民智未開的族羣，才用得上規條指引。

這是會眾的疑竇，是基於不了解而產生的疑竇。宣講者要詮釋律法和誡命，不能不先體會這些困惑。理順會眾的困惑比為倫理課題提供抉擇和答案更重要。正如律法誡命的中心是上帝，不是規條。今日宣講者的責任，就是提升會眾的信仰和生活的視野與憧憬，使他們能探求更深入的問題，尋索更雋永的答案。

講章

生命之路

出二十1～17

I

一個傳教士在非洲的原始部落傳道。傳教士向年紀老邁的酋長傳講十誡。儘管靜心聆聽，老酋長最後還是不明所以地問傳教士：

「根據你的講法，我是不能夠搶佔別人的妻子？」

「不錯。」傳教士問道。

「連他的財物、牛驢等也不可？」

「對，不可以。」

「那我也不可以跳戰舞、殺害別人？」

「不錯！不錯！」傳教者興奮地說。

老酋長緩緩地說：「那沒關係，反正我已經是太老，再不能作這些啦！我想作基督徒跟年老應該沒甚麼分別。」

不少人（甚至基督徒）可能亦有同感，認為十誡若不是食古不化、就是烏托邦式的夢囈。十誡充其量不過是紙上談兵，甚至是愚拙的道理，並不能面對現實的社會世界裏的競逐和鬥爭。

當然，聖經所表述的處境與我們身處的社會和世界，確實存在著一道鴻溝。比方說，現代社會和古代社會的組成因素，確實不盡相同。在原始和古代民族裏，社會的組成大都建基在泥土、血脈、文化，甚至宗教的元素上。但在現代都會和國際城市裏，社會組成和穩定的元素，往往是經濟、政治協商、民意，甚至是社會潮流和風氣。

面對這樣的一個差別，試問出埃及記所記述的十誡，又怎能對應現代社會的生活？這樣的古代社會訓令，又如何應用在今日的社會中？無疑，出埃及記二十章1至17節是段難解的經文。我們說它難解，不是指難以明瞭其意思，而是因為我們無法理出它與我們之間的對應關係。

II

在面對難解的經文時，其中一個方法是先了解經文的上文下理。究竟這段經文背後是怎樣的一個處境？經文的對象和目的又是甚麼？所以，在讀出埃及記十誡這段經文的時候，我們得問這些誡命的背景和目的。

出埃及記一至十九章記述，上帝藉摩西使以色列人掙脫長久以來埃及人的壓迫和蹂躪，並且開始他們的自由之旅。就在自由的朝陽開始照耀之前，他們必須要知道如何走前面的道路，而十誡就是這條道路的指標。

儘管如此，這對於我們來說，還是難以理解的。畢竟，沒有人曾有為奴的經驗。不過，如果家長或老師能擴闊想像力，也許能稍為體會其中的意義。面對著畢業即將離校的同學，身為老師的你會説甚麼呢？也許你會期許他在複雜的社會和醬缸裏，萬萬不可失去赤誠之心。你會鼓勵他多些回來探望你。假如你的孩子明天就要飛到遠方求學，你會千叮萬囑「交友小心、專心求學、注意身體」。在所愛的將要開始新的旅程之前，你難免多番叮嚀，這是表達你的愛，也是表達你真摯的關懷：他們會怎樣走前面的道路？

III

一九八九年十二月二十六日，羅馬尼亞舉國上下動盪不已。前獨裁者壽西斯古（Nicolae Ceausecu）已經在早一日為民主運動的浪潮所衝擊倒台，並且被私刑處死。西方記者從南部蜂擁進入這個曾經為共產鐵幕政權所控制的國家，希望知道當時的處境情況。記者好不容易才找到一個會說英語的女孩子，詢問她民眾的感受。這個女孩子的一句，道盡了當時羅馬尼亞的情況，也許同是描述了今日許多地方的處境：「我們有自由，但我們不知道怎麼用。」（We have freedom but we don't know what to do with it.）

「以色列人的確需要這些誡命。畢竟，他們到處漂流，不知方向。要不是這些誡命，他們也真的會迷失了方向。所以說，那些荷爾蒙旺盛的年輕人，同樣需要訓命和指示，使他們的生命能不失目標；而那第三世界裏落後的國家或部落，也需要指令和教導。」你心底裏說，你並不需要這些過時的誡命。

可出埃及記二十章所記述的誡命，不僅適合流浪不羈、受壓被擠的人，十誡同樣是向已經穩定下來的社會和人們說話。在離開埃及幾百年後，以色列人已經在巴勒斯坦安頓下來了。他們不再流浪，既有自己的家國，也有穩定的環境。但上帝藉先知何西阿斥責他們：

以色列人哪，你們當聽耶和華的話。耶和華與這地的居民爭辯，因這地上無誠實，無良善，無人

認識上帝。但起假誓、不踐前言、殺害、偷盜、姦淫、行強暴、殺人流血接連不斷。（何四1～2；另參耶七9）

以色列人已經安頓在應許之地。他們享受繁榮和蓬勃的經濟，而且國力強盛。他們不僅不是在曠野流浪，他們是穩定，而且太穩定了。他們安逸到一個地步，已經失去了生命的方向。自由不再是夢想，而是已經是個咒詛。在曠野裏向流浪的以色列民所發出的誡命，再一次迴盪在安舒但朽壞、自由卻血腥不公義的社會裏。

十誡不僅是向在曠野流浪的族羣的指示，也是向安穩的國家作出提醒。十誡不僅是向三千多年前以色列人的曉示，也是向今日世界的呼喚。十誡不是僵化的規條；十誡是指向生命的道路。

IV

教會將有關十誡的經文放在「預苦期」裏，並不是偶然的。在預備思念主為我們的罪受苦的四十日裏，我們藉這段經文，仔細察看我們的生命。如果十誡是上帝指示我們生命的路標，那麼我們所走的道路究竟是指向豐盛的生命還是滅亡？

誠然，我們所生活的社會、身處的時代是複雜的。社會世界的事務和議題，沒有不牽涉糾纏於政治和經濟等複雜因素。沒有一個人能完全知道事情的全部真相，準確地判斷事情的對錯，就像是緣木求魚。生命的方向容易因四周許多的聲音和路標變得模糊：「你不仁、我不義」，「所有人都是這樣，你不做就笨了」，「這叫婚外情，不是姦淫」……

我們不能不承認，現代生活的處境和複雜，顯示十誡裏的指示(如第五誡至第十誡)不乏討論的空間。但十誡的焦點還是在於上帝的心意，而不是規條：「除了我以外，不可有別的上帝」、「不可為上帝雕刻偶像」、「不可妄稱上帝的名字」。生命的指標，終極在於一個根本的問題，究竟我們是否將生命對準上帝，而不是經濟的效益、其他目標或任何意識型態。

自從美伊的局勢轉趨緊急以來，整個世界都在注視中東局勢的進展。三月二十日中央社的專電報道，美國參議院以九十九票對零票，通過支持布殊總統領導美國對伊拉克作戰。根據這個報道，雖然在辯論的過程中不乏指斥，「但一旦決定開戰，全體國會議員就槍口一致對外，支持總統暨三軍統帥的領導，這正是美式民主可愛的地方。」坦白說，我實在無法知道這個制度「可愛」之處何在。我只能同意兩位時事評論員在美英聯軍開始轟炸伊拉克後的評論：「這次的開戰說明了，這個世界沒有任何一個制度可以保證公義與和平。」究竟這是指向一條生命的道路，還是暴力的循環？

我們沒法完全相信任何一個制度，也不能樂觀面對人性。高深的教育或工作的才幹歷練，並不保證個人的心靈清澈，這是近日的香港人所能明白的。這是在當下混亂的指標和吵雜的聲音中，我們需要安靜到上帝面前的原因。

我想，這是我們仍然需要崇拜的其中一個原因。我們必須藉著崇拜上帝，檢視我們是否體會上帝的心意，察看我們所走過的足迹，究竟是指向豐盛生命的道路，還是滅亡、墮落、朽壞的道路。每當我們來到上帝的面前唱詩、禱告、讀經時，就是禱告上帝賜予我們亮光，以便認清上帝的心意，回轉到當行的道路上。每當我們崇拜，就是祈求上帝賜予我們力量和勇氣，使我們可以繼續走這條生命之路。

每當我們崇拜、讀經、禱告，並不是要滿足宗教的規條律例，而是體會這位上帝的要求和心意，聆聽祂的叮嚀，以祂所指示的路標，審察我們的生命。

講章分析

講章以一個傳教士和老酋長的對話，引出一般人心中的感覺：聖經中(尤其是舊約)的誡命是不合時宜的夢囈。講章順序指出經文和現實生活的距離，既是由於現代人對經文的背景陌生，也是因為對誡命的中心意義不明所致(I)。講章順理成章簡述十誡的敍述背景，指出誡命的需要(II)。

以一九八○年代末期世界政局改變為例，講章整理出自由和方向的張力，並指出從流盪四散的遊牧民族到安頓發達的國家，誡命在以色列人的歷史裏都有其無可取代的地位。因為誡命的精髓不在於規條，而在於上帝的心意(III)。

講章在最後的一部分中(IV)，照視對今日的世界社會，強調誡命同樣有其不可取代的位置。因為誡命並不是規範行為的框框，而是指向生命的道路。

撒母耳記上三章1～10節

上帝的聲音，人的回應

經文

1童子撒母耳在以利面前事奉耶和華。當那些日子，耶和華
的言語稀少，不常有默示。2一日，以利睡臥在自己的地方；
他眼目昏花，看不分明。3上帝的燈在上帝耶和華殿內約櫃
那裏，還沒有熄滅，撒母耳已經睡了。4耶和華呼喚撒母耳。
撒母耳說：「我在這裏！」5就跑到以利那裏，說：「你呼喚我？
我在這裏。」以利回答說：「我沒有呼喚你，你去睡吧。」他
就去睡了。6耶和華又呼喚撒母耳。撒母耳起來，到以利那
裏，說：「你呼喚我？我在這裏。」以利回答說：「我的兒，
我沒有呼喚你，你去睡吧。」7那時撒母耳還未認識耶和華，
也未得耶和華的默示。8耶和華第三次呼喚撒母耳。撒母耳
起來，到以利那裏，說：「你又呼喚我？我在這裏。」以利才
明白是耶和華呼喚童子。9因此以利對撒母耳說：「你仍去睡
吧；若再呼喚你，你就說：『耶和華啊，請說，僕人敬聽！』」
撒母耳就去，仍睡在原處。10耶和華又來站著，像前三次呼
喚說：「撒母耳啊！撒母耳啊！」撒母耳回答說：「請說，僕
人敬聽！」

解讀經文

根據猶太人的正典編排和分類，撒母耳記上下是屬於「前先知書」(Former Prophets)，同一類別的書卷還有約書亞記、士師記、列王紀上下。這個分類説明，作品的寫作方向是以體察上帝心意為至終目的。雖然也有分類是按照作品的內容性質，將約書亞記到列王紀等書卷定為舊約的歷史書，但詮釋者仍然不可忽略這些作品是以「先知」生平和職事之縷述，説明上帝在以色列人中間的工作。換言之，在詮釋這些經文的時候，必須在歷史和文學的平衡中，敏感其中的神學意義和重點。

舊約聖經學者指出，約書亞記、士師記、撒母耳記和列王紀四卷作品呈現出一個共通的神學主題。這個神學主題的表述，清楚見於申命記二十八章1至3、15至16節：

> 你若留意聽從耶和華——你上帝的話，謹守遵行他的一切誡命，就是我今日所吩咐你的，他必使你超乎天下萬民之上。你若聽從耶和華——你上帝的話，這以下的福必追隨你，臨到你身上：你在城裏必蒙福，在田間也必蒙福……你若不聽從耶和華——你上帝的話，不謹守遵行他的一切誡命律例，就是我今日所吩咐你的，這以下的咒詛都必追隨你，臨到你身上：你在城裏必受咒詛，在田間也必受咒詛。

所以，學者統稱這幾卷書為「申命記歷史」，而這個被稱為「申命記神學」的思想，正是貫穿四卷作品內容的神學主題。[1]

以這個神學思想作為詮釋的參照，不難理解這些作品的基本方向，就是要見證上帝的僕人和子民如何因聽見上帝的聲音而跟從其旨意；與此同時，作品亦要通過失敗的例子，作為上帝子民的鑒戒。

以撒母耳記上三章1至10節這段經文為例，年老的以利和年幼的撒母耳這兩個人物，就成了敍述中強烈的對比。正如所有敍述經文都有其脈絡，不宜抽離解讀，這段經文的詮釋也必須建基於撒母耳記上二章的掌握。事實上，在三章1至10節中有關以利的勾畫和敍述，已經從二章(甚至可能是一章)開始。以利的昏庸，不是由於他年紀老邁，而是因為他對兩個兒子的惡行顯得軟弱和無能(撒上三13)。同樣，撒母耳的出現始於第一章。他與以利兩個兒子的對比(二12～17、22～25；18～21、26)，更是明顯不過。

罪惡惹來上帝的憤怒和厭棄，並有深遠的影響，這正是申命記神學的告誡。所以，以利因為兒子不認識並敵擋上帝的緣故，他的職事即將被撒母耳所取代。這段經文的勾畫，基本上是循這個方向發展的。下頁的列表顯示撒母耳和以利的對比：

1 Steven L. McKenzie, "Deuteronomistic History," *The Anchor Bible Dictionary*, ed. David N. Freedman (Doubleday & Co., 1982)。

童子撒母耳在以利面前事奉耶和華。(三1)	當那些日子，耶和華的言語稀少，不常有默示(三1)。(會否與以利有關？)
撒母耳已經睡〔在耶和華的殿內〕了。(三2)*	以利睡在自己的地方。(三2)
撒母耳長大了，耶和華與他同在，使他所說的話一句都不落空。從但到別是巴所有的以色列人都知道耶和華立撒母耳為先知。耶和華又在示羅顯現，因為耶和華將自己的話默示撒母耳，撒母耳就把這話傳遍以色列地。(三19～21)	我指著以利家所說的話，到了時候，我必始終應驗在以利身上……以利家的罪孽，雖獻祭奉禮物，永不能得贖去。(三12～14)

細讀這段經文，不難理解作者以兩個信仰羣體所知悉的歷史人物，通過敍述和人物勾畫的手法，突出經文背後的神學思想：認真尋求和實踐上帝的聲音和心意。

就這個敍述而言，卻有不少可作詮釋和宣講的空間。以利的例子固然可以作為教養子女的鑒戒，而以利能在撒母耳未曾認識耶和華之前提供意見，也成為一個詮釋的可能性。換言之，無論撒母耳日後是一位多麼重要的先知，他還是需要前人的指導。由此，經文所描述的撒母耳，只是一個不太明白所以的少年人，仍不是一個成熟的先知。詮釋者不宜太多浪漫化的解讀。另一方面，詮釋者倒可以因為撒母耳的年

* 〔〕為《和合本》未有譯出之語。

少，以申命記神學的重點，強調撒母耳(或任何體會上帝心意的人)必須鍥而不捨地追尋和實踐上帝的心意。

解讀會眾／處境

主日學的課堂總喜歡以撒母耳記上三章1至10節的記述，教導孩童要聆聽上帝的聲音。不過，這並不是一個小孩子的故事，而是一個關於信仰羣體的鑒戒和希望的故事。上帝的聲音並不僅向孩童發出，上帝的心意要向每一個人彰顯。

緊接著顯現主日，在崇拜中思考上帝的聲音，應是適切不過。但對會眾而言，怎樣聽到上帝的聲音卻是一個問題，其中的「怎樣」包括了形式和時態的概念。上帝通過聲音說話嗎？上帝的聲音和心意是過去式的嗎？一個聽聞上帝聲音的人，可以、應該繼續聽嗎？當然，最重要的還是上帝聲音的內容是甚麼？

講章

上帝的聲音，人的回應

撒上三1～10

顯現後第二主日

I

當你看到今早這個講題時，你有甚麼反應？我能想到的至少有兩種可能的反應：不以為然或殷切期望。在二十一世紀的今天，上帝的聲音有甚麼可以講的呢？除了主觀的經驗之外，還有甚麼意義？不錯，我們常常聽到弟兄姊妹說聽到「上帝的聲音」，但這不過是極其主觀和個人的經驗而已。另一方面，也許你正站在人生的十字路口上，徬徨不定，孜孜地等候上帝的聲音。

儘管如此，我還是相信，就是現在對上帝的聲音不以為然的弟兄姊妹，在人生某一個階段或時刻，你還是很願意聽到上帝的聲音。

II

對於我們而言，上帝的聲音或說話應該不是一件聞所未聞的事情。從創世記開始，我們就知道上帝不曾間斷地向人說話。亞當、夏娃、挪亞、亞伯拉罕、摩西、約書亞、眾士師……今早我們讀到上帝向一個少年人說話：

童子撒母耳在以利面前事奉耶和華。當那些日子，

> 耶和華的言語稀少，不常有默示。一日，以利睡臥在自己的地方；他眼目昏花，看不分明。上帝的燈在耶和華殿內約櫃那裏，還沒有熄滅，撒母耳已經睡了。耶和華呼喚撒母耳……以利對撒母耳說：「你仍去睡罷；若再呼喚你，你就說：『耶和華啊，請說，僕人敬聽！』」撒母耳就去，仍睡在原處。耶和華又來站著，像前三次呼喚說：「撒母耳啊！撒母耳啊！」撒母耳回答說：「請說，僕人敬聽！」（撒上三1～10）

然而，像撒母耳這樣的一個少年人，怎能明白上帝的聲音、更遑論回應？如果不是以利，恐怕他還不能分辨那是誰的聲音。每當我們想及撒母耳，我們就想起這段經文所記載的，他在少年的時候就蒙上帝呼召。緊接著的，就是撒母耳先後膏立掃羅和大衛為王。但你可曾想過中間的時光？就是撒母耳必須在成長的過程中學習聆聽和分辨上帝的聲音，從而知道怎樣回應？

從童子撒母耳，我想到我的大女兒。她在五歲的時候就嚷著要接受浸禮。剛開始的時候，我們還認為她是把浸禮當作遊戲。只是她不斷的要求，讓師母和我就不得不認真商議了。我們二人談，也和同學談，總覺得五歲是太小了。儘管不能否定她的信心，但我們總希望她多有經歷體驗，才接受這個禮儀。可是，她還是一直要求。我們沒辦法，只好把她帶到牧師那裏，希望牧師可以打消她的念頭。

我還記得那天，牧師帶她到牧師室傾談的那幅景象。一個六呎高、三百多磅的大男人，拖著一個五歲的小小女孩步入牧師的辦公室。談了大概有半小時吧，牧師帶著大女兒出來。女兒手上拿著幾本牧師送的書。牧師對我們說：「Evangeline的信應該是真摯的，但她畢竟是太年輕了。如果她能等稍為長大才受浸，她會更珍惜浸禮的見證。」我們總算是鬆了一口氣，希望她會慢慢的忘記。回到香港，我在神學院教書，也在教會當顧問牧師，負責禮儀。不料，女兒不僅沒有忘記，她還對我說：「你是教會的牧師，你可以為我施浸啊！」後來，她知道教會最年輕受浸的記錄是十二歲，於是她就說要在十二歲時受浸。我只有一直拖延著她，說不定到那個時候，她會改變主意。誰知道她到六年級的時候，仍然提出要受浸。拿她沒辦法，把她安排在慕道班，心想她一定會因而打消念頭。誰知她還是上完了。心想執事同工的「問信德」應該可以攔她一攔。可是……

一九九八年的聖誕節，大女兒接受浸禮了。我還記得她在崇拜講述見證的內容：她對罪的經歷就是上幼兒院的時候，因為往老師的臉上吐口水，回家被我打了一頓屁股。她對上帝的經歷，就是因紗布黏住傷口的痂而感覺痛，經過禱告後就順利的拿下來了。

這是她所聽到上帝的聲音。

III

然而，她必須長大，學習分辨、聆聽和回應上帝的聲音。她必須洞悉罪惡勢力的真實和延伸，而不只是作了一些不禮貌的行動。她要認識罪不單在個人的生活裏，也存在於社會和國際之間。她要經歷上帝的恩典，不僅是一個傷口的痊癒，而是整個生命的扭轉和更新，也是家庭、社會和世界從剝削、鬥爭和蹂躪，改變成公義、和平與仁愛。

我們每一個都必須成長才可以熟習並聆聽上帝的聲音，以至回應上帝。

所以，我們聽上帝的聲音，並不是要滿足我們的索求，而是實踐上帝的心意。就工作、交友、事奉等計劃，認真和求問上帝是不錯的。但我們面對選擇之前，先要熟習上帝的聲音。

上帝的聲音是清楚不過的。在新舊約聖經裏，上帝每一次說話，不外要求人復和與上帝的關係，要求復和人與人之間的關係。這把聲音通過耶穌的生平和講論，清楚表達：「**你要盡心、盡性、盡意愛主你的上帝。……其次也相倣，就是要愛人如己。**」(太二十二37、39)主耶穌說，這是律法和先知一切道理的總綱。

誠然，上帝在每一個時代都說話，無論是在富裕繁榮的日子，還是沮喪低沉的日子，上帝提醒子民不可忘記上帝：「**以色列啊！你要聽，耶和華我們上帝是獨一的主。**」(申六4)無論在怎樣的一個世代，上帝提醒祂的子民不可忘記上帝的心意：「**世人哪，耶和華已指示你何為善，他向你所要的是甚麼呢？只要你行公義，好憐憫，存謙卑的心，與你的上帝同行。**」(彌六8)

我們必須成長，學習辨別聆聽上帝的聲音。我們通過讀經、禱告、教會的生活，學習聆聽上帝的聲音。就好像撒母耳一樣，在以色列民中成長，聆聽上帝的聲音。但你們必須成長、有自己的經歷、聽到上帝的聲音、明白上帝的心意。畢竟，終有一天，你們要尋求祂的聲音。

IV

美國黑人民權領袖馬丁路德金(Martin Luther King, Jr.)

自小在教會裏長大，他的祖父、父親、兄長、叔父都是牧師。他也順理成章地進了神學院，繼而在教會裏牧會。嚴格來説，他並沒有甚麼經歷。他只是按著家裏的傳統，成為一個傳道牧者。神學畢業後，他到了蒙哥馬利(Montgomery)牧會。當時年僅二十七歲的他，捲入了民權運動，成為發言人。就在那個時候，他家開始收到許多滋擾，甚至恐嚇電話。

一天晚上，他接到一個電話：「黑鬼，我們實在很討厭你和你所搞的一切。如果三天內你不離開這裏的話，我們要拆了你的房子、轟爆你的頭。」馬丁路德金後來回憶説：「那個晚上我坐在家裏，想到我那剛剛出生的漂亮女兒。每天晚上，看到她的笑容我就滿足得不得了。我坐在餐桌旁，想到她隨時離我而去……我幾乎不能再想下去、不能再忍受。我聽到一把聲音説：『你不能再找你父親或母親了，你要找你父親常常告訴你的那一位上帝。』」那時候，他就在餐桌旁傾情地向這位上帝禱告、大聲的禱告。就在當時，他彷彿聽到一把聲音，向他説道：「馬丁，為正義、公義、真理堅立。看哪，我必與你同在，直到世界的末了。」馬丁路德金説：「我聽到耶穌的聲音，囑咐我繼續努力。」

講章分析

講章以上帝的聲音引起會眾心中的疑問開始，並指出每個基督徒至終會渴求和尋找上帝的聲音(I)。藉舊約傳統的縷述，講章將上帝的聲音從創世開始，延伸至經文的場景，再由敍述中的人物(童子撒母耳)引伸至自己的女兒

(II)。這個演繹有兩個重點。第一，說明撒母耳之聆聽上帝聲音是一個終生的歷程。第二，以女兒年少的經歷對比撒母耳，並引伸上帝聲音的意義(III)。講章由此引入和澄清看似簡單、卻常為忽略的一點：上帝子民聽上帝的聲音，是要聽「上帝的聲音」，不是「自己的聲音」。若此，上帝的子民必須知道上帝聲音的究竟。講章以舊約和新約的經文，發揮經文「上帝的聲音」的主題。講章最後以馬丁路德金的片段，指出上帝的聲音與人的回應，繫於人的聆聽、成長和實踐(IV)。

列王紀下五章1～14節

尋找隱世的醫術

經文

[1]亞蘭王的元帥乃縵在他主人面前為尊為大，因耶和華曾藉
他使亞蘭人得勝；他又是大能的勇士，只是長了大痲瘋。[2]先
前亞蘭人成羣地出去，從以色列國擄了一個小女子，這女子
就服事乃縵的妻。[3]她對主母說：「巴不得我主人去見撒馬利
亞的先知，必能治好他的大痲瘋。」[4]乃縵進去，告訴他主人
說，以色列國的女子如此如此說。[5]亞蘭王說：「你可以去，
我也達信於以色列王。」於是乃縵帶銀子十他連得，金子六
千舍客勒，衣裳十套，就去了；[6]且帶信給以色列王，信上說：
「我打發臣僕乃縵去見你，你接到這信，就要治好他的大痲
瘋。」[7]以色列王看了信就撕裂衣服，說：「我豈是上帝，能
使人死使人活呢？這人竟打發人來，叫我治好他的大痲瘋。
你們看一看，這人何以尋隙攻擊我呢？」[8]神人以利沙聽見以
色列王撕裂衣服，就打發人去見王，說：「你為甚麼撕了衣
服呢？可使那人到我這裏來，他就知道以色列中有先知了。」
[9]於是，乃縵帶著車馬到了以利沙的家，站在門前。[10]以利沙
打發一個使者，對乃縵說：「你去在約旦河中沐浴七回，你
的肉就必復原，而得潔淨。」[11]乃縵卻發怒走了，說：「我想

他必定出來見我，站著求告耶和華——他上帝的名，在患處
以上搖手，治好這大痲瘋。[12]大馬士革的河亞罷拿和法珥法
豈不比以色列的一切水更好嗎？我在那裏沐浴不得潔淨嗎？」
於是氣忿忿地轉身去了。[13]他的僕人進前來，對他說：「我父
啊，先知若吩咐你做一件大事，你豈不做嗎？何況說你去沐
浴而得潔淨呢？」[14]於是乃縵下去，照著神人的話，在約旦河
裏沐浴七回；他的肉復原，好像小孩子的肉，他就潔淨了。

解讀經文

在處理敍述式經文的時候，我曾多次強調，縱使聖經的敍事有歷史的成分和元素，作者寫作之目的，基本上不在於縷述人的歷史，而是在於描繪上帝在其子民間的工作。所以，堅持要以歷史這個詞彙形容這些經文的話，也必須以「詮釋的歷史」，甚至「救恩的歷史」等片語表述，以澄清經文的功能和目的。

就列王紀而言，詮釋者更不應忘記，這書卷與約書亞記、士師記、撒母耳記等四卷被猶太人的正典視為「前先知書」。換言之，作者寫作的旨趣，並不是任何人的歷史，而是上帝的工作，並人回應上帝的工作而衍生的生命。

以上的了解和掌握，對經文的詮釋和演繹極為重要。經文既然不是詳述歷史，我們就不能期望經文會交待歷史的細節，也不必在細節上糾纏。事實上，經文往往無法解答源於我們對歷史的興趣或疑惑所產生的問題。無疑，歷史的背景和人物會為經文豎立起具體的框架，但敍述的功能和目的，更是詮釋者所應該注目和關心的問題。

以列王紀下五章1至14節為例，這個敍述的重點並不

在其中的人物。首先，以利沙先知的形像是模糊的。在這個敘述裏，他既沒有明顯的工作，也沒有甚麼重要的說話。那後來得到醫治的亞蘭國元帥乃縵，他的傲慢和不可一世，根本沒有甚麼可以學效的榜樣。以色列王慌惶失措的表現，更是叫人失望。如果真的要指出一個重要的人物，那就是故事中的小人物。從敘述的角度看，那是在乃縵家中作僕婢的以色列女子（王下五3）和另一個不知名的僕人（五13）。這兩個人物使故事推進，以至讓乃縵最終得醫治。

敘述裏所提及不知名的人物僕婢（五3、13）、戰敗國（五6）、普通不過的療法（五10）、不見經傳的約旦河（五10～12）等，正是間接地指向那真實卻又隱藏地工作的上帝，而這正是敘述的技巧和功能。

解讀會眾／處境

一段遠古的事蹟，連同陌生的人物，湮沒在遺失的城市裏。這段經文、這個故事怎能與現代的讀者關連？

如果這不是僅是一個民族、一段史迹，如果這更是上帝工作的足迹，那麼這個敘述就可以，甚至應該向人說話。

正如在敘述裏，上帝的工作是那麼具體而微，這段敘述雖說是遙遠和陌生，卻也可以盛載會眾的生命：尋找上帝的醫治，從來都不限於遠古的心靈，今日的會眾仍在孜孜地尋求上帝的觸摸。同樣，乃縵驚天動地、刻骨銘心的渴望，竟是如此熟悉地重現在今天的會眾裏。

這段敘述提醒上帝的子民，上帝的工作往往是隱藏、微小、不起眼、沉悶和普通的。敘述說，上帝的醫治，可以是隱世的醫術。

講章

尋找隱世的醫術

王下五1～14

這是一個尋找隱世醫術的故事。

元帥乃縵是亞蘭國的大將，擁有彪炳的戰績和功勳，戰無不勝，曾攻克以色列及附近的鄰國。只是在乃縵輝煌和燦爛的生命裏，也不能避免地有一些瑕疵：他患有大痲瘋。也許他的痲瘋未必嚴重到必須完全與社會隔絕，但畢竟這是個惱人的瑕疵、問題、難處，甚至是傷痛。無人能醫治乃縵的痲瘋。他應該曾遍尋醫治的方法，但苦於徒勞而無功。

生命是諷刺的。因為乃縵大元帥的痊癒，關鍵竟然是從戰敗國擄來的一個女僕。不錯，一個無關重要的女僕，竟然向乃縵提出醫治的可能性。戰敗國以色列會為這位大元帥帶來醫治：「巴不得我主人去見撒馬利亞〔以色列國首都〕的先知，必能治好他的大痲瘋。」(王下五3)

元帥乃縵急忙向他的主子亞蘭王稟示。亞蘭王一定同樣為這個消息感到雀躍，所以他特為乃縵向以色列王擬了一封「薦信」：「我打發臣僕乃縵去見你，你接到這信，就要治好他的大痲瘋。」(五6)

於是，乃縵威風凜凜地帶著一大隊車馬和隨從，浩浩蕩蕩地南下，向著戰敗國以色列找尋醫治去。在簇擁的行伍裏，還有銀子十他連得(七百五十磅銀子！)、金子六千舍客勒(一百五十磅金子！)和衣裳十套。乃縵畢竟是大元帥，他這南下求醫，還是不失體面。當然，他還帶著一道由亞蘭王發出的命令：「我打發臣僕乃縵去見你，你接到這信，就要治好他的大痲瘋。」(五6)

可以色列王接到了信，就極度憂愁。他知道，他根本不能醫治乃縵的痲瘋，但亞蘭王的信是這樣清楚和直接。倘若不能解決乃縵的問題，以色列王將會有怎樣的結果下場？以色列王以撕裂衣服來表達他的懊惱，絕望地說：「我豈是上帝，能使人死使人活呢？這人竟打發人來，叫我治好他的大痲瘋。你們看一看，這人何以尋隙攻擊我呢？」(五7)

就在這個時候，以色列國的先知差人來見王說：「你為甚麼撕裂了衣服呢？可使那人到我這裏來，他就知道以色列中有先知了。」(五8)

於是，乃縵又帶著車馬往以利沙家方向跑了。一大隊車馬和隨從，還有那許多的禮物……一路上乃縵可能想像以利沙會如何倒履相迎：「他必定出來見我……」。畢竟，乃縵是亞蘭國的大元帥。一路上乃縵想像這位神人會怎樣醫治他的痲瘋：「……站著求告耶和華他上帝的名，在患處以上搖手；治好這大痲瘋。」(五11)

想著想著，乃縵也就到了以利沙的家門，只是沒有見到任何歡迎的隊伍。站在以利沙門口的乃縵，還有他那一大隊的隨從，感到錯愕、驚訝、意外，還是憤怒？不久，以利沙打發一個使者出來。不錯，只是以利沙的一個僕人。但讓乃縵感到氣憤的，還不僅是以利沙本人沒有出現，而是這個僕人帶來以利沙的吩咐：「你去約旦河中沐浴七回，你的肉就必復原，而得潔淨。」(五10)

這不是個極其荒唐的建議嗎？他家鄉那兩道從黑門山下流出來的河，不是比約旦河更美、更清澈嗎？（遊覽過長江三峽的人，會以為城門河是景點嗎？到過夏威夷海灘的人，會喜歡在屯門的蝴蝶灣游泳嗎？）約旦河最好的一段，還比不上亞蘭國內的河。「大馬士革的河亞罷拿和法珥法豈不比以色列的一切水更好嗎？我在那裏沐浴不得潔淨嗎？」（五12）於是乃縵氣忿忿的轉身去了。

就在這個時候，他的僕人（不錯，還只是一個僕人而已）來到跟前，說：「我父啊，先知若吩咐你做一件大事，你豈不做嗎？何況說你去沐浴而得潔淨呢？」（五13）

僕人說的確是有理，再說，在沒甚麼可以選擇的情況下，也就只能往約旦河沐浴去了。然而，就在這一切看似不可能的情況下，經過七回沐浴，乃縵竟然復原了：「他的肉復原，好像小孩子的肉，他就潔淨了。」（五14）

這是一個尋找隱世醫術的故事。但這更是一個上帝在那裏工作、怎樣工作的故事。

你認為上帝會透過怎樣的人工作？上帝會透過才智出眾、口若懸河，滿有魅力和恩賜的傳道牧者行事。但這個故事告訴我們，上帝一樣會通過卑微的人工作。就像乃縵家裏的一個女僕、行伍裏的一個僕人。上帝可以通過平庸的人工作，上帝可以使用微小和幼嫩的人工作。這是上帝的工作。

你認為上帝會在哪裏工作？偉大的場景，有荷理活式的設計、燈光、音樂和效果？也許。不過這個故事卻說，上帝也在那狹小又不甚起眼的約旦河裏工作。不錯，上帝在一間再普通不過的教會裏工作，就是在那沉悶和平凡的團契裏、沒有激情的主日崇拜裏、沒有太多堆砌修飾的講道裏，上帝在那裏工作。這是上帝的工作。

你認為上帝工作的方式會是怎樣的一回事？驚天動地、刻骨銘心的經歷？也許。不過這個故事說的卻是，在狹小泥濘的約旦河裏沐浴七回。在約旦河裏浸七回，這不是很讓人沮喪嗎？但這豈不是也很真實嗎？不錯，就在教會裏、家庭中、人際間……七回、十七回、七十回、七百回。每一次的浸浴，會是多麼的厭煩和枯燥？但每一次的浸浴，也許會洗滌我們的心靈、涮去我們的自恃和驕傲。直到一天，我們赫然發覺，我們竟像小孩子般潔淨。

今早起來，在收看早上新聞的時候，轉台間看到了有關劉海若小姐的康復療程報道。劉小姐自去年在英國遭遇嚴重車禍後，現正在國內復原中。每天她都得做重複簡單的動作，從起牀梳洗到接受物理治療，連每一步，她都必須重新學習和適應。我在想，劉小姐將要重複多少遍、幾多回？我不知道是七十次、七十七次、還是七百次，但我禱告，經過這些歷練，劉小姐有一天會發現她的生命竟猶如小孩子般活潑和真純。

在我們的生命裏，同樣免不了創傷和苦痛，也許是身體的，也許是心靈的。或多或少，我們總是期盼和尋找隱世的醫術。今早的故事說，上帝是工作和醫治的上帝。那怕是不起眼、平庸和沉悶，上帝仍然隱蔽地工作和醫治。

講章分析

敍述式講章的寫法有好幾種，這是其中的一種。這種敍述式講章適用於本身是敍述式的經文，而講章是以仿效或「重述」(re-telling) 經文陳構或鋪述。

講章以「這是一個尋找隱世醫術的故事」這句作提示，用重述方式開始經文的敘述。其間輔以適當的解說、註釋和演繹，讓讀者更能明白和體會其中的意義。

講章以「這是一個尋找隱世醫術的故事。但這更是一個上帝在那裏工作、怎樣工作的故事」這句，進入講章最後一部，也是最重要的一部分。講章將敘述裏隱晦的意義突顯，讓會眾的生活能與經文敘述的世界相遇。

講章並沒有明顯的對位。會眾既可以從旁看出上帝在隱藏之處或卑微的人中間工作，也可以將自己主觀地讀入渴望醫治的心態。無論是哪一個位置，講章的目標都是指向那隱藏工作的上帝。

箴言十五章15～17節

真福樂

經文

[15]困苦人的日子都是愁苦；心中歡暢的，常享豐筵。[16]少有
財寶，敬畏耶和華，強如多有財寶，煩亂不安。[17]吃素菜，
彼此相愛，強如吃肥牛，彼此相恨。

解讀經文

在聖經六十六書卷中，箴言可能是最讓人誤解的書卷。因為從表面的實用性看來，箴言有關生活的智慧和訓誨，似乎是最適宜宣講的作品(這對推崇禮教德行的華人而言尤甚)。另一方面，就詮釋和宣講的角度講，箴言可能是最難掌握的書卷中之佼佼者。

箴言之難以理解和詮釋，在於其沒有清楚的文理。現代的讀者往往因為書信作品的處境而掌握其信息。就敍述式經文而言，其情節固然有迹可循，其人物的塑造和勾畫，也因為作品整體的內容而有所披露。就是舊約的律法、新約的啟示錄，我們仍可以通過作品整體的脈絡而掌握。但箴言只是沒有明顯關連的材料之組合，其中包括了雋語、

觀察、警句、頌歌等。

在這三十一章的經文裏，固然不乏可供宣講的經文，但也有不少是乏善可陳的內容。這是說經文所講的，儘管是生活智慧的累積，但不過是一些平常的觀察（如箴十四20，十七8，十一16），並沒有獨特之處。至於那些相互矛盾的句子，就更讓詮釋和宣講的人卻步了。箴言二十六章4至5節就是常被引用的兩句：

> 不要照愚昧人的愚妄話回答他，恐怕你與他一樣。
> 要照愚昧人的愚妄話回答他，免得他自以為有智慧。

猶如兩句常為華人所用、卻又相互矛盾的話：

> 君子不念舊惡。
> 有仇不報非君子。

先把這兩句話的真確置於一旁，這兩句相互矛盾的話，在不同的場合或對應不同的人物，可能不失其適切性。同樣，箴言其實就是一個雋語、生活經驗的集成，其中所包含的是不同時期、不同情況之下的觀察、體會和生活經驗的累積。部分經文所帶出的教訓和指引，雖然有它實際的對應性，但其意義往往既不能從上文下理判斷（因為可能互不相關、甚至矛盾），也不能放諸四海而皆準（教訓背後的處境是因應特定的時空和文化）。在詮釋和宣講這些經文的時候，不宜抽離地判定它是正確或錯謬，更不能絕對地應用和教條化。

在處理箴言的時候，宜先仔細查閱和比較整卷箴言相關的教訓。這樣的研讀，自然會發覺在教訓中時空或文化的元素，免於陷入絕對化的道德主義。舉例說，就親子教育的教導，箴言備有不少的智慧和傳統。宣講者要作這方面的教導，必須審閱全書相關的教訓，不能只鍾情於二十九章15節的一句：「杖打和責備能加增智慧；放縱的兒子使母親羞愧。」縱然會眾同意15節下半句的真切，但上半句所提出的方法，就實際經驗和社會心理學的研究所示，都不是絕對的準繩，更不要說它可能與新約的教導有所衝突了(參西三21；弗六4)。

以上的討論，牽涉一個更具體和宏大的層面。「具體」是指查考和宣講箴言的要領和方向，「宏大」是指箴言和正典其他作品的關係。

就查考和宣講箴言的方向而言，「標題式」(topical)應該是最恰當的方式。就實際的操作，宣講者應該就某一個課題對整卷書有全面的認識和掌握，而不是逐節逐段，到了講解查考時才單就該段經文作準備。

在查閱和研讀的過程中，宣講者應該不忘將箴言與正典其他的經文或傳統作對比。這樣的比較不是否定箴言的價值，而是深化箴言的意義。例如，箴言十四章20節說：「貧窮人連鄰舍也恨他；富足人朋友最多。」經文描述了一個關連「貧富」的社會現象。固然，十四章21節謂：「藐視鄰舍的，這人有罪；憐憫貧窮的，這人有福」，提出了對鄰舍的責任，卻未有觸及對富足人的探討。要詮釋和宣講這段經文，宣講者必須進一步仔細閱讀全書有關貧富的經文，繼而思考背後的社會價值、信仰型態等因素，才能對信仰與財富的關係有一個全面的掌握。明顯，這樣的閱讀和思考，必須由箴言擴展至舊約其他部分、甚至新約的經文。

從以上的討論可見，箴言的詮釋和宣講其實對講者的要求甚高。表面看來簡單的雋語警句，必須以更廣闊和敏感的神學和研讀來盛載。不僅如此，講者還需要決定、詮釋、演繹，以顯示經文對會眾的適切和關連。因為他必須通過講章，將這些沒有脈絡、處境不清的經文與會眾、甚至更廣闊的正典規範連結起來。無怪乎有學者提出，宣講箴言的人，自己也必須是個智者。[1]

雖然缺乏清楚的脈絡，但箴言十五章15至17節觸及生活的現實和內心的狀態，明顯是一致的。無論是古今中外的讀者，對這幾節經文所描繪的應該不難體會。從更廣闊的角度看，這段經文亦沒有呈現與其他經文相左的張力。宣講這段經文的要領，不在於解釋，而是在於演繹。換言之，宣講者要思考的是，如何讓經文所描繪的圖畫，能使會眾讀進去並認同。

解讀會眾／處境

這篇講章的背景是新年崇拜。在新年間一片祝賀的聲音中，大多數人都有所期望。會眾自然也很能體會歡暢、財寶、喫喝等形像和主題，因為無論是應景的說話還是場合，這都是新年間的期願。但這段箴言卻從另一個角度，更新祝願和希望的看法。

1 參 Alyce M. McKenzie, *Preaching Proverbs: Wisdom for the Pulpit* (Westminster John Knox Press, 1996)。這是一本以宣講的角度看箴言的書，值得所有宣講箴言的人細讀。

講章

真福樂

箴十五15～17

每年總有些日子，我們會特別感到興奮和雀躍：

像每年的生日，生日蛋糕上搖曳的蠟燭燭光，彷彿為我們燃點新的盼望和亮光。

每當新學期開始，新的書本、學友、課室，甚至學校，均象徵著新的學習、經驗和體會。

每當新年，我們大掃除、添新衣，嘴裏所說的，也都是表示對生活的盼望和祝願，例如「羊年進步」、「事事順境」、「工作愉快」、「身體健康」等等。

可當這些日子過去之後，大多數人卻又會感到落寞和沮喪。不錯，特別是節期的日子，也許只能給我們短暫的亢奮。氣氛一旦過去，生命也就原形畢露。對生命裏盡是幽暗和憂患的人來説，就是節期和喜慶日子也幫不上忙。但心裏歡暢的，就是在陰雲密佈的日子裏，也是昂首挺胸的。所以，關鍵在於一顆「歡暢的心」。

困苦人的日子都是愁苦；心中歡暢的，常享豐筵。
（箴十五15）

在農曆新年裏，人們互相祝願「發財」，像「恭喜發財」、「財源廣進」等等。祝願「發財」（用今日的術語是「經濟轉好」）並不一定是壞事。事實上，我們不僅可以求，也是應該求。我們祈求經濟穩定，使社會更能服事、關顧和支援貧窮、邊緣和弱勢的鄰舍。我們祈求人不會因為經濟不景而相互指斥和慍懟。我們心裏很知道，問題的核心在於人是否有顆敬畏上帝的心。經濟不振和低迷的日子，固然人人感到艱難。但在經濟好的日子裏，仍然存在不少剝削和壓迫；受壓的人感到氣憤難平，就是富裕的人也不見得安舒平穩。

我聽過一位打工朋友講述他工作地方的故事：老闆不知道從那裏聽了相士的批言，說他與下屬相剋。如果老闆對下屬好，老闆就倒霉。反過來說，下屬受苛刻對待，老闆的財富就會積聚更多。這一位僱主也就是真的對下屬極盡刻薄之能事。我不知道這一位老闆是否很享受他的財富，但我肯定他必定知道下屬對他的不滿和怨憤。我在想，這些財富會真的為這個老闆帶來喜樂，還是更多的煩惱和不安？所以，問題不在於財富。關鍵在於一顆「敬畏上帝的心」。

> 少有財寶，敬畏耶和華，強如多有財寶，煩亂不安。（十五16）

富裕的家族自不必然有平安喜樂。簡陋樸實的家庭也不一定牛衣對泣。就好像在節期喜慶的日子裏，我們難免吃得豐富。但真正叫我們心裏歡暢的，並不是桌上的美食。你曾經在高尚輝煌的環境下進餐嗎？桌上是美味又珍貴的菜餚，連輔助進食的器皿也是貴重精美的……儘管如此，你總覺得如坐針氈。因為空氣中和言語間瀰漫著敵視、踐踏、憎恨和傷容。你心裏呢喃：「如果不用來那有多好。」你只希望能盡早離去。

可你也必定曾經坐在粗糙的桌旁(也許連桌子也沒有？)，開懷地享用桌上那不能再簡單的「菜餚」。你巴不得這場「筵席」能夠繼續下去。你享受每一刻、每一個笑聲、肯定、接納、信任和鼓舞。你當然知道，這並不是因為食物或環境，而是因為你正在經歷愛和恩典。

> **喫素菜，彼此相愛，強如喫肥羊，彼此相恨。**(十五17)

在農曆新年裏，大家都彼此祝願福氣和喜樂。在不確定今年四周的環境會否如眾所願的同時，我們倒祝願人人都能得到真福樂：有歡暢的心、敬畏上帝的心、相愛的心。

講章分析

講章的脈絡和結構十分簡單，這是因為經文的結構鮮明清晰之故。經文的三幅圖畫，基本上就為講章提供了三個角度。沒有比「三點式」的結構更適合這篇講章了：歡暢的心、敬畏耶和華的心、彼此相愛的心。雖然「心」一詞只出於第15節，但將之延伸至其後，亦明顯沒有與經文違背。結構固然清晰，主題雖然鮮明，但講章的關鍵在於如何將會眾帶進經文裏。在此，就全仗宣講者的觀察、體會和平時牧養的功夫了。

約翰福音十一章32～44節

耶穌哭了

經文

32馬利亞到了耶穌那裏，看見他，就俯伏在他腳前，說：「主
啊，你若早在這裏，我兄弟必不死。」33耶穌看見她哭，並看
見與她同來的猶太人也哭，就心裏悲歎，又甚憂愁，34便說：
「你們把他安放在哪裏？」他們回答說：「請主來看。」35耶穌
哭了。36猶太人就說：「你看他愛這人是何等懇切。」37其中
有人說：「他既然開了瞎子的眼睛，豈不能叫這人不死嗎？
38耶穌又心裏悲歎，來到墳墓前；那墳墓是個洞，有一塊石
頭擋著。39耶穌說：「你們把石頭挪開。」那死人的姊姊馬大
對他說：「主啊，他現在必是臭了，因為他死了已經四天了。」
40耶穌說：「我不是對你說過，你若信，就必看見上帝的榮
耀嗎？」41他們就把石頭挪開。耶穌舉目望天，說：「父啊，
我感謝你，因為你已經聽我。42我也知道你常聽我，但我說
這話是為周圍站著的眾人，叫他們信是你差了我來。」43說
了這話，就大聲呼叫說：「拉撒路出來！」44那死人就出來
了，手腳裹著布，臉上包著手巾。耶穌對他們說：「解開，
叫他走！」

解讀經文

約翰福音十一章32至44節其實是「耶穌叫拉撒路復生」敘述的一部分(約十一1～54)。從耶穌聽聞拉撒路病危的消息開始、經過時間的延擱、場景的轉換、人物的相遇和對話、及至耶穌在墓前使拉撒路復生，整段敘述都有清楚的主線：耶穌就是生命之源、復活的根據和基礎。

細心的讀者不難發現，拉撒路復生的敘述畢竟也只是約翰福音整體敘述的一部分。耶穌在伯大尼所行的，是耶穌在約翰福音中所作的另一個「記號」：將水變酒(二1～11)、醫好大臣的兒子(四46～54)、餵飽五千人及在水面上行走(六1～21)、醫好生來瞎眼的(九1～39)、耶穌復活(二十)、一網有一百五十三條魚(二十一1～11)。由此看來，十一章32至44節的插曲和十一章1至54節的敘述，就與約翰整體的敘事息息相關。事實上，十一章45至46節已經留下了尾巴，將福音書裏「耶穌被自己人棄絕」的主題，與這個神蹟扣在一起。

上述的討論，讓讀者體會敘述的意義在不同層次以不同角度呈現。要詮釋和處理敘述式經文，不能約化或固定敘述的意義。通過經文的分段而詮釋不同的場景、人物、主題，都是可以發展的意念。

面對這樣豐富和多層次的敘述，要處理其中所有的主題和意念是不可能的。宣講者必須決定有待發揮和演繹的方向，然後集中探研思考，將這些意念進一步發展。另一方面，縱使宣講者不能處理敘述中每一個課題，但他必須對這些問題有一定的掌握。這些了解能確保他的詮釋與整體敘述相扣，不至陷入穿鑿附會的解讀。

約翰福音十一章32至44節的經文，將敘述凝結在面對死亡的面孔上。其中人物間的對話，亦突顯出因死亡而來的哀慟和傷痛。其中最關鍵的是耶穌的面孔。但就約翰福音的整體敘述而言，這也是詮釋的困難所在。

從事約翰福音研究的學者已經指出，約翰敘述中的耶穌，鮮有就人的情況和需要而流露感性和情緒。[1]雖然十一章3節清楚表示，拉撒路「是主所愛的人」，但要就此發揮耶穌為拉撒路一家感到難過而流淚，除了要考慮約翰福音中耶穌的形像外，也必須面對經文所藏的張力。其一，耶穌刻意延遲祂的行程（十一4～7）。其二，那些認為耶穌因為愛拉撒路而哭的是猶太人（十一35～36）。按照約翰福音書的人物勾畫，猶太人就耶穌的觀察和評述並不正確。[2]與此相近的是耶穌另一個表現「心裏悲歎」（十一33、38）。

「心裏悲歎」的真正意思固然是個謎（讀者只要參考不同的註釋書和聖經譯本，就知道這個詞彙所帶來的困惑）。耶穌悲歎的原因，更如耶穌哭了一樣耐人尋味。如果耶穌並不是因為拉撒路和他的家人而傷感，那麼祂的激動情緒又是甚麼一回事？但如果祂不為拉撒路的死而難過，這又如何說明了祂對門徒的關愛？這是敘述中其中一個重點，也是以下講章發展的中心。

1 參 R. Alan Culpepper, *Anatomy of the Fourth Gospel: A Study in Literary Design* (Fortress Press, 1983), 106～112。

2 同上，頁125～132。

解讀會眾／處境

沒有人會對死亡感到陌生；更正確的講法是，沒有人察覺不到死亡所帶來的傷痛。若然，這也許只是時間早晚的差別。

在預備這篇講章時，在會眾中有些家庭正面對親友死亡的威脅或病重的噩耗。約翰在敍述中的人物所面對的，與會眾正經歷的何等相似？然而，敍述與會眾間同樣存在一道真實的距離。畢竟，拉撒路復生了；我們卻不能期望逝去的親友死而復生。當然，敍述的中心不是拉撒路，因為拉撒路至終還是死了。敍述的中心是耶穌，那是哭著流淚的耶穌。若說耶穌不是為拉撒路和他的家人哭，那麼祂是為所有因面對死亡而哀慟的人哭嗎？若此，這敍述不正是向我的會眾說話嗎？

講章

耶穌哭了

約十一32～44

I

在十月份的早堂主餐崇拜裏，唐佑之牧師在講道裏提及在美國西岸某處的一個墓園；從墓園裏的優美環境，以至燈光和音響，都讓他留下深刻的印象。唐牧師的描述，使我想起另一個墓園；它座落在我多年前在美國進修的小城郊區外的一個角落。

它是一個微小卻又精緻的墓園。在春天它顯得特別的美，因為墓園裏遍植了一種叫「山茱萸」(Dogwood)的喬木，紅的、白的、粉紅的，襯著青蔥的草地和形形式式的花叢，直把墓園繪成一副美麗的圖畫。除了植物，也有在樹林中蹦高跳低的松鼠、在池塘裏游划的鴨子和天鵝，還有鮮豔奪目的孔雀。墓園裏當然有墳墓，只是我們都沒有注意到。我只記得我們在這個墓園裏的樹木間和池塘邊，度過了幾個賞心怡人的週末。

II

然而，在座的弟兄姊妹對墓地的印象和記憶，可能與上述唐牧師或我所提及的相去頗遠。大多數弟兄姊妹就墓地的經驗和思念，大概都是有關分離、死亡和苦痛的影像，就好像約翰福音十一章所記載：

> 馬利亞到了耶穌那裏，看見他，就俯伏在他腳前，說：「主啊，你若早在這裏，我兄弟必不死。」耶穌看見她哭，並看見與她同來的猶太人也哭，就心裏悲歎，又甚憂愁，便說：「你們把他安放在哪裏？」他們回答說：「請主來看。」耶穌哭了。猶太人就說：「你看他愛這人是何等懇切。」其中有人說：「他既然開了瞎子的眼睛，豈不能叫這人不死嗎？」耶穌又心裏悲歎，來到墳墓前，那墳墓是個洞，有一塊石頭擋著……(約十一32～38)

這是一幅墓地的圖畫。究竟這墓地周遭是否有樹木、草地、雀鳥，還是它只不過是城外的一片荒廢之地？我們並不清楚。我們所能看見的只是面孔，那是一張又一張哀慟苦痛的面孔；我們所聽見的，是哭泣號咷的聲音。事實上，約翰所描繪的也只有一張張的面容，流露愁苦哀傷。那是馬大、馬利亞，還有猶太人的面容，一張又一張哀慟的面孔，因為他們所愛惜和珍貴的拉撒路已經離世了。

約翰所描繪的圖畫，豈不是所有受死亡威脅和壓抑的哀慟臉容嗎？也許在墓園，也許在醫院，也許在護老院，也許在電話旁，甚至是坐在電視機前，你我都會為我們所關心、珍愛和尊敬的人的遭遇而哀慟哭泣。

這是一幅在伯大尼的圖畫。這也是一幅在墓地前、醫院裏、護老院裏的圖畫。一張又一張臉孔，哀傷、苦痛和哭泣的面孔。只是在約翰福音這幅圖畫裏，還有另一張臉孔：

耶穌看見她哭，並看見與她同來的猶太人也哭，就心裏悲歎〔激動／憤怒〕，又甚憂愁，便說：「你們把他安放在哪裏？」他們回答說：「請主來看。」耶穌哭了。（十一33～35）

III

我們的主為何又悲歎、憂愁，甚至哭泣起來呢？有人說這是耶穌的憤怒，不齒猶太人的虛偽。也有人說這是耶穌的激動，因為四周的人不斷祈求神蹟。更有人說，耶穌悲歎的是罪惡和死亡勢力的張狂。當然，耶穌之動容，不能不是憐憫之情。畢竟，馬利亞和馬大所疼愛的弟兄，也是耶穌所愛惜的拉撒路。

我們的主為何又悲歎、憂愁，甚至哭泣起來呢？除了上述的原因外，還有一個讓耶穌激動和憂愁，甚至落淚的原因，因為在伯大尼這個墓地，離開耶路撒冷的墳墓並不太遠。同樣是由一個洞穴所造成的墓，也是由一塊石頭擋著(參十九41－二十1)，耶穌已經看見自己的離去和死亡。

耶穌哭了。

IV

主耶穌憂愁苦痛的臉容，與墓前的面孔交織著。所以，就在醫院裏、墓地前，在何等苦痛的地方，耶穌的臉容與每一個愁容交織著。主耶穌的淚水就成了我們的淚水。可主的淚水也成為活水的泉源，滋潤每一個乾涸的心靈，洗滌更新每一個絕望的生命。

為甚麼？那是因為生命並不止於我們這一生，耶穌應許我們永遠的生命。我們不知道這生命的所在會是怎麼一回事。究竟是否黃金階？碧玉城？也許。然而，我們所肯定的，就是這一個生命並不再是我們所哀慟和愁煩的生命，也不是由罪惡、病痛和遭遇所定義的。我們肯定的是，我們將會看到一張張的面孔，不過不再是哭泣悲慟的臉容。我們將會聽到聲音，不過不再是號咷痛哭的聲音。我們將會聽到的是安慰的聲音：「看哪，上帝的帳幕在人間。他要與人同住，他們要作他的子民。上帝要親自與他們同在，作他們的上帝。」(啟二十一3) 我們將會看到的，是被撫慰的臉孔：「上帝要擦去他們一切的眼淚；不再有死亡，也不再有悲哀、哭號、疼痛，因為以前的事都過去。」(二十一4)

這一切是始於主耶穌的淚水。祂憐憫我們在罪惡和死亡面前的無能和破碎，祂為我們所親愛的摯友親朋悲慟。祂的淚水，也是上帝的淚水。

同在，也同行
踉蹌的足印
印入你穩當的手心
磨損的腳踝踏過
熟悉的荊叢和生疏的阡陌
你把疼痛分成兩份
小的給我，大的留給自己，
當日的血痕

——胡燕青[3]

3 胡燕青，《我在乎天長地久》(香港：突破，1999)，頁76。

原來那為萬物所屬、為萬物所本的，要領許多的兒子進榮耀裏去，使救他們的元帥，因苦難得以完全，本是合宜的。因那使人成聖的和那些得以成聖的，都是出於一。所以，他稱他們為弟兄也不以為恥……兒女既同有血肉之體，他也照樣親自成了血肉之體，特要藉著死敗壞那掌死權的，就是魔鬼，並要釋放那些一生因怕死而為奴僕的人。（來二10～11、14～15）

講章分析

這篇講章通過描寫的手法，將經文的景象和人物呈現在會眾面前；同時亦通過經文描繪會眾。講章以外地墓園優美的環境和景色作引，是為隨後的描寫作對比，亦讓會眾以一個輕省的感覺進入講章(I)。

「然而，在座的弟兄姊妹對墓地的印象和記憶，可能相去甚遠。」(II)隨著喚起會眾的經驗，轉進經文的情景。講章著意描寫敍述中人物的面孔，因為經文亦是以此著墨。講章在經文和會眾之間來回，使會眾從經文看到面孔，也從經文的面孔看到自己的面孔。經文從眾多的面孔集中在一個面孔上，就是耶穌的面孔。這是經文困難的地方，也是講章轉折點的所在。講章先交待釋經的可能性，繼而闡述「耶穌哭了」的意義(III)。講章最後以兩段經文和一首新詩，聚焦講章的中心：耶穌哭了的意義(IV)。

約翰福音十二章20～33節

出死入生

經文

20 那時，上來過節禮拜的人中，有幾個希臘人。21 他們來見
加利利伯賽大的腓力，求他說：「先生，我們願意見耶穌。」
22 腓力去告訴安得烈，安得烈同腓力去告訴耶穌。23 耶穌說：
「人子得榮耀的時候到了。24 我實實在在地告訴你們，一粒
麥子不落在地裏死了，仍舊是一粒，若是死了，就結出許多
子粒來。25 愛惜自己生命的，就失喪生命；在這世上恨惡自
己生命的，就要保守生命到永生。26 若有人服事我，就當跟
從我；我在哪裏，服事我的人也要在那裏；若有人服事我，
我父必尊重他。27 我現在心裏憂愁，我說甚麼才好呢？父啊，
救我脫離這時候；但我原是為這時候來的。28 父啊，願你榮
耀你的名！」當時就有聲音從天上來，說：「我已經榮耀了我
的名，還要再榮耀。」29 站在旁邊的眾人聽見，就說：「打雷
了。」還有人說：「有天使對他說話。」30 耶穌說：「這聲音不
是為我，是為你們來的。31 現在這世界受審判，這世界的王
要被趕出去。32 我若從地上被舉起來，就要吸引萬人來歸我。」
33 耶穌這話原是指著自己將要怎樣死說的。

解讀經文

約翰福音十二章20至33節這段經文最廣為人知的，是耶穌在講論中的一句：「我實實在在地告訴你們，一粒麥子不落在地裏死了，仍舊是一粒，若是死了，就結出許多子粒來。」(24節) 這節常用於安息禮拜的經文，其字面意義不難明白。以基督信仰的內容和語言為背景，這句話的意義更因耶穌的救贖工作而明朗。雖說這樣的解釋並無乖異謬誤之處，但就釋經的角度講，若能從經文處身的敍述和脈絡理解，必定能把閱讀深化。

無疑，經文不乏主題和空間，可供詮釋和宣講的發展。在經文中希臘人來求見耶穌一事，與福音書中強調耶穌是世界的光的主旨相符(約十二20～21)；而腓力和安得烈將他們引見於耶穌(十二22)，從敍述人物勾畫的技巧來說，也是有值得探討的地方。[1]但從敍述的整體而言，全段經文的關鍵在於耶穌的死亡。除了麥子落地死了的隱喻(十二24)，耶穌的一句「人子得榮耀的時候到了」(十二23)，和敍述者的提示「耶穌這話原是指著自己將要怎樣死說的」(十二33)，更是清清楚楚地將這個主題帶出來。

表面看來，這主題已是清楚不過，根本無須酌斟或考究才得以明白。但詮釋的重點並不僅在於內容，也在於形式。若只能掌握內容而昧於形式，理解亦會有所限制。就這段經文說，耶穌以「榮耀的時候」喻指其死亡，這就牽涉約翰福音一個極重要的主題：應該如何看待耶穌的死亡。約翰福音全書以「榮耀的時候」或「時候」表述耶穌的死亡，與一般就死亡所聯想的羞辱、罪惡、柔弱

1 參孫寶鈴，《此時此道》(香港：基道，2003)，頁23～28。

有明顯的分別。而這個差距卻讓讀者更深入了解死亡、甚至生命本身。

要詮釋這類經文，必須從福音書整體的敘述了解，而經文彙編(最好是以原文為根本的)就是最好的工具。以這段經文為例，仔細查閱「榮耀」或「時候」在敘述中出現的用法和上下文，再比較其中的處境和意義，往往會有出人意外的收穫。這不是說讀者將得到前無古人的解釋，而是深化了讀者的思想，進深體會經文和引伸的意義。這樣的解讀，往往不是讓讀者找到答案，而是使讀者的思維和視線得到提升。事實上，這樣的解讀甚至不是為了提供答案，而是讓讀者提出更多更深入的問題。

以這段經文為例，進深考究「榮耀的時候」之後，再回頭看麥子落地的隱喻，自然有不一樣的體會。誠然，這個隱喻仍然是表述耶穌的死亡；只是它亦指涉生命的奧秘。它是指向耶穌的生命，同樣是觸摸我們的生命。

解讀會眾／處境

這篇講章是二〇〇三年預苦期內的一篇講章。那正是一段香港和鄰近地區經歷苦難的日子。在記憶中，我們鮮有像這樣必須赤裸裸地面對生命和死亡的時候。在城市裏每一個階層，不分老少上下，都在為生命尋找或提供詮釋。有人說是罪惡、有人說是考驗……對此種種解說，我不加評論。我只知道耶穌的死、耶穌的生命和言說，既然能為約翰福音遠古的讀者提供盼望，相信也必定能夠為今日的讀者提供「出死入生」的力量和盼望。於是，我在受苦節前兩週寫下了這篇講章。

講章

出死入生

約十二20～33

那是大約在逾越節前一個星期裏的某一天。耶穌在耶路撒冷講出這一番讓人百思不得其解的話：

> 人子得榮耀的時候到了。我實實在在地告訴你們，一粒麥子不落在地裏死了，仍舊是一粒，若是死了，就結出許多子粒來……（約十二24）

我們說百思不得其解，因為在約翰福音裏，「榮耀的時候」的同義詞就是耶穌的被釘和受苦。而當死亡或苦難臨近的時候，人能想到的只是憂鬱哀怨的小調，不是輝煌燦爛的和弦。

我們不明所以，就是耶穌跟前的門徒，同樣也覺得匪夷所思。我們都知道，在面對死亡、經歷苦難和災禍之時，腦海裏首先浮現出來的是「罪惡」，不是「榮耀」。這是為何我們說耶穌的話讓人百思不得其解的意思，儘管我們可能對這節經文並不感到陌生，我們卻覺得耶穌的話難以理解。因為每當碰到困境苦難時，我們就好像耶穌的門徒一樣，思想裏頭總是自有一套的機制和解釋。

有一次，耶穌和祂的門徒在耶路撒冷遇見一個生來是瞎眼的朋友。門徒問耶穌說：「老師，這人生來瞎了眼，究竟是由於他犯了罪、還是他的父母親犯了罪？」耶穌卻回答說：「既不是這人犯罪、也不是他的父母親犯了罪，是要在他身上顯出上帝的作為來。」(約九1～3)。另一次，耶穌得悉祂的朋友病危了，祂竟說：「這病不至於死，乃是為上帝的榮耀，叫上帝的兒子因此得榮耀。」(十一4)

祂的門徒一定是面面相覷，摸不著頭腦。畢竟，在痛苦、殘疾、困難、徬徨、恐懼和羞辱面前，還有甚麼榮耀可言呢？門徒不明所以，我們也百思不得其解：

> 人子得榮耀的時候到了。我實實在在地告訴你們，一粒麥子不落在地裏死了，仍舊是一粒，若是死了，就結出許多子粒來。

門徒和我們不明白，那是因為耶穌的生命，與我們所擁抱的生命，確實是截然不同的。在面對生命中的艱辛和苦痛之時，耶穌拒絕約化和即時的答案。耶穌的隱喻，讓我們更認識生命的真實，並指向那比生命裏的計算、因果和變化更大的恩典。

我們得承認，簡便的答案是誘人的，特別是在遭遇非常艱苦的日子裏。比方說，以罪惡解釋苦難的因由，不就是面對苦難之際，一個方便和頗有意義的出路嗎？當然，在許多的苦痛中，我們確實應該認真地審視，並指出導致苦難的罪行。就好像貪婪引致個人或羣體的破碎，情慾導致家庭的決裂，權力促成了侵略吞佔，憎恨勾起廝殺等等。我們之所以檢視罪惡，是要避免重蹈覆轍。但我不肯定這個想法是不是能夠足以解釋生命所面對的一切。

事實上，我常常覺得，太快太多的解釋，往往只會叫我們忽略了生命的真實，以為生命應該是順暢輕省的，生活應該是愉快愜意的。一旦遇上困難和逆境，我們就變得脆弱和沮喪，甚至彷彿生命也無甚可戀。

這種生活態度最為可惜的，還是往往使得我們忙著將指頭指向別人，忽略了上帝仍然在工作。上帝可以通過我們或別人的生命工作，彰顯祂的榮耀。

> 人子得榮耀的時候到了。我實實在在地告訴你們，一粒麥子不落在地裏死了，仍舊是一粒，若是死了，就結出許多子粒來。

耶穌的話，說明了生活可以是艱苦的，生命是會有許多糾纏的。無論是否因著罪惡，無論有否解釋，生命都是真實的，卻並不必然順暢。麥子總是會掉在地上的。更重要的是，生命是奧秘的。不錯，麥子是死了掉在地上，但因為我們所不能知的原因，它竟能結出許多的子粒來。

這是生命的奧秘。我們稱之為恩典，而且是奇異的恩典（Amazing Grace）。這是說，罪惡、死亡或任何因素，都不能阻礙恩典的能力。我們的生活、我們的生命不是由罪惡、死亡、錯誤、挫敗、支離破碎所界說或決定的。我們的徬徨、憂慮、恐懼，也不能掩蓋上帝的恩情。

所以，當我們拒絕讓當下的難處論斷、窒息我們的時候，當我們願意相信上帝會奧秘地作工並與祂配合的時候，我們是實實在在地彰顯上帝的榮耀了。這樣的生命，在耶穌的生平和職事裏表露無遺。被釘掛在十字架上的耶穌，從任何的一個角度看，都僅僅是一粒麥子死了，落在地上而已。從人的計算和觀察，這都是一個慘淡的結局。然而，那卻是上帝奧秘的工作，使耶穌從死裏復活。罪惡、死亡、一切都不能限制上帝的恩典；一切的徬徨、憂慮和恐懼，也不能掩蓋上帝的恩情。耶穌從死裏復活，讓人可以看見並經歷生命裏那比罪惡、死亡、恐懼、苦難更大的上帝及其恩典。這正是約翰福音裏「榮耀」的意思。

還有兩個星期就是受苦節。就如門徒不明白耶穌的教導和對生命的看法，我們也不太能面對過去一個月來香港所經歷的衝擊和困難。在非典型肺炎肆虐的這段日子裏，我們都被埋怨指責和焦慮惶恐所壓迫。我們急不及待地指斥別人，終日為未來艱辛的日子所折騰。我們的生活和生命，彷彿已經由別人的錯誤所界定，讓未來日子的憂慮所結論。然而，也許我們可以從耶穌的講論和生命中，看到那比我們(或比別人)的錯誤更大的恩典，經歷那比憂慮和惶恐更真實的應許和慈愛。我們如此説，並不是因為我們天真無知。我們必須仔細反省，以避免重蹈覆轍，讓市民可以生活在一個衛生和健康的環境裏；我們也要因應病毒帶來的負面影響而作出部署，使已經困難的經濟和民生局面，可以作出更合宜的調適。無論當前的困難是如何艱鉅，它仍然不應該、也不能為我們的生命和生活劃上句號。

我實實在在地告訴你們，一粒麥子不落在地裏死了，仍舊是一粒，若是死了，就結出許多子粒來。

不錯，生活是艱苦的，生命也不見得常常順意。可我們的生命並不是由錯誤、罪惡、逆境、挫敗所決定的。假如我們將目光自錯誤和困境中轉移，我們必能看到那更大的恩典。

一位致力於抗炎的醫學教授最近接受訪問，提到他過去往往把病人看成只待治療的「案例」。但在這一陣子，同僚和學生也因為感染病毒而倒了下來，他才對病痛有全新的體會。在這些日子裏，他深深體會病牀上的是有血有肉的人。這次的經歷，拉近了他與病者的關係，使他對生命有更深的領悟。

十多位由病中痊癒的醫護人員和醫學生最近會見新聞媒體，其中一位接受訪問時説，這一次的病讓他學會了怎樣作醫生。他所指的自然不是技術上的知識，而是生活和生命的體會。試想這一次的經歷，會怎樣造福他將來醫護的工作和社會？

> 我實實在在地告訴你們，一粒麥子不落在地裏死了，仍舊是一粒，若是死了，就結出許多子粒來。

我們確實體會這段日子的艱苦，也知道隨後而來的日子未必會太好過。但這是生活，這是生命。可我們必須在艱苦困逆裏，看見並經歷那比難處更大的恩典和慈愛。惟有這樣，我們的確是彰顯上帝的榮耀。因為我們的主耶穌既是這樣，也要求祂的跟從者如此看待生命，對待生活。

講章分析

講章以困惑和疑問開始，一方面是以懸念營造出聆聽的張力，也是為疏理作準備。講章中段的整理和縷述，既是解釋了約翰福音中「榮耀」的意思，同時演繹了會眾所熟悉的「麥子落地」的隱喻。講章的後段將香港所經歷的衝擊與經文的意義相互對照，雖然沒有提供答案，卻藉著已經理順的隱喻，挑戰約化或二分的生命觀。

就講章的進路和格式而言，全篇以鑰句「人子得榮耀的時候到了。我實實在在地告訴你們，一粒麥子不落在地裏死了，仍舊是一粒，若是死了，就結出許多子粒來」作為架構。以重複的出現（共五次），帶動講章的發展。這種方法仿似在詩歌中，正歌和副歌（chorus / refrain）交替的出現和串連，以推動講章。值得注意的是，重複的鑰句每次應有循序或動態的發展。

路加福音二十四章36～48節

從復活來的平安

經文

36正說這話的時候，耶穌親自站在他們當中，說：「願你們
平安！」37他們卻驚慌害怕，以為所看見的是魂。38耶穌說：
「你們為甚麼愁煩？為甚麼心裏起疑念呢？39你們看我的手，
我的腳，就知道實在是我了。摸我看看！魂無骨無肉，你
們看，我是有的。」40說了這話，就把手和腳給他們看。41
他們正喜得不敢信，並且希奇；耶穌就說：「你們這裏有甚
麼吃的沒有？」42他們便給他一片燒魚。43他接過來，在他
們面前吃了。44耶穌對他們說：「這就是我從前與你們同在
之時所告訴你們的話說：摩西的律法、先知的書，和詩篇
上所記的，凡指著我的話都必須應驗。」45於是耶穌開他們
的心竅，使他們能明白聖經，46又對他們說：「照經上所寫
的，基督必受害，第三日從死裏復活，47並且人要奉他的名
傳悔改、赦罪的道，從耶路撒冷起直傳到萬邦。48你們就是
這些事的見證。」

解讀經文

路加福音二十四章具備豐富敍述應該有的條件。場景的轉換、人物的勾畫和交替、主題的呼應和貫穿、張力的營造和疏解等等。若宣講者要處理這一章經文，必須審慎計度，免得「花多眼亂」，以至最後一無所有。

二十四章的經文本身已經有頗清楚的界劃：1至12節是一個插曲，13至35節是另外一個，36至43節既可以自成一段，也可以與下文的44至48節連結。49節則在前者和50至53節之間，既可收入44至48節的段落，也是指向下文，特別是使徒行傳一章的伏筆。

由此可見，欲詮釋以至宣講路加福音二十四章任何一個段落，既要有清楚的方向和目標，亦必須要兼顧整體的脈絡和關連。這並不表示宣講時要觸及和處理每一段落的細節，而是應以整體脈絡作為背景和框架，導引、塑造或突出某個重點的解釋和演繹。

以二十四章36至48節這段經文為例，內中重點不少，但其中一個就是耶穌所言的「願你們平安」。從經文的發展看，這個平安與耶穌復活後的顯現、進食、以至講解聖經有關，其中的次序和關係，頗有探討和演繹的空間。有關的解釋和演繹，就有賴於二十四章整體敍述的框架，甚至由路加福音(和使徒行傳)整體敍事和神學所導引了。

解讀會眾／處境

這是復活期的一篇講章。香港仍然活在「非典」的陰影下。人們在等候平安來臨的同時，依然努力地為這個經歷提供各式各樣的詮釋。人們不僅為這個病毒詮釋，也為近年香港所遭遇的一切失意之事詮釋。對於這些種種的聲音和講法，不同的人自然心有其所屬。但來到上帝聖所的會眾，是否要聽再一次的咀咒？陳腔濫調的簡便答案？呢喃的他世寄託？還是宣講者可以本於聖經和早期教會的經歷，對生命有更深入的體會，以至可以宣講「從復活而來的平安」？我一再掙扎，怯怯地向會眾宣講「從復活來的平安」。

講章

從復活來的平安

路二十四36～48

今早的經文將我們帶到一個房子裏、一羣人當中。

人聚集在房子裏，都免不了有其原因。有的是為了商談議策，有的是為了慶祝恭賀，也有為了彼此慰藉，相互支持。

門徒聚集在一起，也有他們的原因。但路加福音的記述，並不像約翰福音般清楚説出來，門徒是因為怕猶太人而躲在屋子裏(約二十19)。也許從路加的角度看，門徒自身的困惑和混亂，比外在的環境(如猶太人的逼迫)更真實、更折騰人。所以，門徒是受到隔離，還是不得已的自我隔離，我們都不很清楚。反正，他們就是聚集在一個房子裏。

我們還知道，在人多聚集的地方，必然有許多不同的聲音。

在人多的地方自然有不同的聲音，但有些場合嘈雜的聲音不會帶來太大的困擾。例如在生日會或良朋聚舊時，幾乎是愈吵愈有氣氛。可有些地方的聚集，你不會期望太多的聲音，即使有，也是呢喃細語，你也許還會感到莫名的抗拒。

然而，人在屋子裏聚集的時候，總免不了不同的聲音。特別在困惑和混亂的時候，更必定有不同的聲音。

婦女們雀躍地説，耶穌已經復活了。畢竟，她們是第一批的見證者，難免會興奮萬分。不過，在遠古的時候，婦女的見證是不能作準的。她們異常的言行，會不會是悲傷過度的情緒反應呢？「她們這些話，使徒以為是胡言，就不相信。」(路二十四11)

彼得是出奇地沉靜。他早上曾經去過墳墓，並且發現內裏只有細麻布，並沒有耶穌的屍體。彼得對所發生的事感到希奇(二十四12)。也許此刻彼得還在思索怎樣理解當前的這件事。但剛從以馬忤斯身上回來的兩個門徒卻熱烈地述說「路上所遇見，和擘餅的時候怎麼被他們認出來的事」(二十四34)。當然，那些既不相信婦女，又沒有去過墳墓，也對那兩位從以馬忤斯路上回來的門徒半信將疑的門徒或人們，以更多更大的聲音質疑。

這個房子裏充滿了各樣的聲音。就好像每當一個羣體或社會碰到問題的時候，總有各式各樣的聲音。你想得出或想不出的聲音和意見，都在沸騰喧嚷。這不僅是無可避免，甚至是必然的。

我們説這些聲音是無可避免或是必然的，因為這些聲音不過是反映出背後的索求。比方説，在混亂、埋怨、苦毒和不安的聲音背後，往往是恐懼和不信任。在肯定、接納和體諒的聲音之背後，常常是感激、信任和盼望。

當然，我們還要包括那沉默大多數的背後，代表著許多的攙雜和糾纏。

在喧嚷的聲音裏，耶穌忽然在他們當中，説「願你們平安」。但這一句的「願你們平安」，卻似乎使門徒更混亂和不知所措。門徒和聚集的人聽到了耶穌的「願你們平安」，又看到了耶穌站在當中，他們的反應卻是驚慌害怕，而且又愁煩疑竇，「以為所看見的是鬼魂」。

耶穌向他們展示祂的手和腳，邀請門徒摸祂的骨和肉，是要他們知道祂確確實實的復活了。他們所經驗的，並不是情緒的思念，也不是不朽的精神，更不是靈媒召喚的鬼魂。耶穌是確確實實地死在十架上，卻又是真真確確地從死裏復活的。

路加的記述，固然見證了門徒對耶穌復活的自然反應，也可能表述福音在傳播過程中所遇到的疑問：基督信仰所說的復活，會否就是在外邦世界裏希臘人所講的不朽精神，或諾斯底思想的虛擬或幻影，甚至是靈媒的召喚？路加清楚地說明，耶穌的復活是確切、惟一和獨特的。門徒所經驗的，並不是日有所思、夜有所夢，更不是幻影。

然而，路加更要說明，感官的體會和經驗並不足夠，門徒還需要有正確的識見和了解。

若僅僅是糾纏耶穌的復活如何真確，這不過是護教要處理的功夫。我們總不能因為歷史上發生的一件「過去」了的事件而滿足，總不會因為耶穌在二千年前說過一句「願你們平安」而得平安。我們要從中得平安，就必須認識和相信，耶穌的死和復活是與我們當下和將來的生活有密不可分的關係。

復活的主向門徒的顯現，並不止於展示祂的手腳上〔的傷痕〕(注意經文並不是停在43節)，而是要說明從摩西、先知和詩篇所示，祂「必須」受苦、復活，並且從而賦予門徒生活和使命的力量：「摩西的律法、先知的書和詩篇上所記的，凡指著我〔基督〕的話，都必須應驗……基督必受害，第三日從死裏復活，並且人要奉他的名傳悔改、赦罪的道。從耶路撒冷起直傳到萬邦。你們就是這些事的見證。」(二十四44)

換言之，主耶穌指出，儘管在一般人眼中，死和苦難似乎是決定性的，但因著復活，苦難不僅不是生命的終結和句號（果），而是生命的開始（因）。生活並不是由我們所遭遇的苦痛所界定的，而是由經歷這一切苦難的主耶穌所界定的。換言之，我們不必把所遇到的不快視為「結局」或「果」，而正確地認識它是「動力」和「因」。我們主的受苦和復活是一切生命的開始，是一切的「因」和「力量」。從這個角度，我們可以理解，路加福音的結尾（二十四章）自然不是完結，而是新的開始（使徒行傳）。

因此，從復活而來的平安，並不是「平安無事」、情緒舒暢安泰的感覺，又或事事順境的際遇。如果我們的主的死和復活是「因」，那麼我們將會在任何處境中經歷上帝的同在。在順境裏如是，在逆境中亦如是。從復活來的「平安」，就是主同在同行的經歷和彰顯。這正是保羅在腓立比書所言：「我知道怎樣處卑賤，也知道怎樣處豐富；……我靠著那加給我力量的，凡事都能做。」（腓四12～13）。

當然，我們每一個人對生活／生命裏的平安、喜樂和福氣的渴求都是很真實，可我們同樣需要對生活有更深入的了解。最近中文大學的龔立人先生在一篇文章裏，談及他就非典型肺炎的一些思考：

面對天災，我們總傾向尋求其中的理。就著非典型肺炎一事，有人認為是因我們的罪，所以，最恰當的回應是自潔和認罪、謙卑和悔改。某層面上，這解釋是可接受的，因為確實是我們的疏忽導致疾病的蔓延。然而，我對這樣的解釋仍有保留，不但因為罪與疾病是否一定有關聯，更因為人的罪是否有如此大的能力，以至可以完全破壞上主的創造。我人生的際遇拒絕讓我看今日的遭遇是一個果；相反，我選擇看一切為因。當不選擇以果來看今日的遭遇，我就不需作出種種的因來解釋當下的果，反而因所發生的事是因，我盼望著，並努力塑造不同的果。[1]

我再說，我們每一個人對生活／生命裏的平安、喜樂和福氣的渴求都是很真實，然而，我們同樣需要對生活有深入的了解。那就是生活並不必然是順暢、愉快和寫意的。我當然不會宿命地說：「有咁耐××，就有咁耐××」。從聖經和生活的學習裏，我逐漸體會到「生活是艱難的，但生命是奧秘的」。有些人（至少表面看來）是如此惹人豔羨的，有些人（至少表面看來）是讓人惋惜的。但若少數無知的人說「慘得過我條命生得好」，這些人不是膚淺麻木和無動於衷，就是在幸災樂禍。但那動輒鄙夷甚至厭惡自己生命的人，每一日都是陰雲密佈，每一步都是舉步為艱，周遭的每一個人都是敵人或工具。

我記得少年時，總覺得上天待我太薄。就如排隊，我永遠都是因為身量矮小而排在第一。書彷佛永遠讀不懂，無論我花多少時間，總不能與成績成正比，當然還有許多許多**我認為**是煩惱的煩惱。

那些日子，也許是「少年不知愁滋味」，常常「為賦新詞強說愁」，即所謂無病而故作呻吟的年代。可我也不否

1 龔立人，〈社會心靈的重塑〉，載《神學組通訊》，中大崇基神學組，八十一期，2003年九月，頁3。

定那是真實的感慨。事實上，任何人在任何時間都有其嗟歎，只不過形式有異而已。稍為成熟卻未成家的人，會慨歎為何總是找不到對象。有工作的人嗟歎自己的努力似乎徒勞無功，身體有病的人自會難過，際遇不好的人憤慨懷才不遇…… 我們不是推諉於命運，就是諉過於人。當然，在某些日子，我們還可以將怨氣發洩在上帝的身上。

幾個星期前，我在報章上看到一則訪問，對象是一個年僅十二歲的小女孩。這女孩在兩、三歲的時候，就被診斷出有非常嚴重的糖尿病。自此，她就不曾間斷地與這個病周旋。今天，她每天要自行作四次胰島素注射，以控制病情。看著這個才十幾歲的小女孩，一臉燦爛的笑容和信心，我不禁問自己，若換了是我，我會怎樣面對這個衝擊？

耶穌向門徒展示祂的手和腳，那是鐵釘穿過的手、扎過的腳。復活的主所展示的，就是釘痕的手和腳。那是觸摸過痲瘋病人、撫摸過傷患者、擁抱過被棄絕者的手，那是走進異邦人之地、進入罪人家的雙足。[2]若此，從復活來的平安就並不是安穩無恙，而是在分擔別人的苦痛，在艱苦中經歷上帝的同在。

平安不是一己的安舒和愜意。縱使我們不必因安逸而產生罪疚，我們也不因遭難而咒詛。畢竟，我們所遭遇的一切，無論是何等的艱辛，都不能夠成為我們生命的結論。因著復活的主所展示的手和腳，我們相信，這可以是我們生活的因和動力。這就是從復活來的平安，而我們就是這些事的見證。

2 Barbara Brown Taylor, "Hands and Feet," *Home by Another Way* (Cowley, 1999)，頁119～123。

講章分析

這是另一篇以「重述」方式演繹經文的講章。重述經文的講章，以緊隨經文本來的敍述次序為佳，亦可在重述的過程中，按需要加入上文下理的資料和角度。

以這段經文為例，既是路加福音二十四章的一部分，講章的前半部敍述就引入了二十四章1至35節，作為講章的「引言」。在重述中加插了一些「想像」，為了突出敍述隱藏的張力(門徒並沒有平安)，也是暗喻香港在遭難處境中的情況。

講章中段轉入討論耶穌的顯現，帶出路加這段獨特敍述的「可能」背景(諾斯底主義等等)，繼而引入經文和講章的中心：門徒要察見耶穌的復活是一切的因和力量。講章繼續以「非典」的遭遇，將目光放在會眾所熟悉的生活裏。最後，再以耶穌顯現的詮釋，聚焦在講章的中心，耶穌的復活是生命的因由和根據，基於此的生活信念態度，也就是復活而來的平安。

讀者意見表

緊扣時代 服事教會

以文字傳揚基督真道

衷心多謝你購買本社書籍。本社一直致力以出版事工服事教會，幫助信徒扎根於神的話語，促進靈命增長。為使我們的出版更能滿足你的需要，請填寫下列各項資料，並寄回或傳真予本社。

所購書籍：______________________

本書最吸引你的地方：

□作者 □適切性 □文筆 □設計 □實用性

□其他：______________________

購買本書地點：

□基道書樓 □基督教書店 □非基督教書店

性別：□男 □女 職業：______________

信仰：□基督徒 □非基督徒

年齡：□ 16 歲或以下 □ 17～25 歲 □ 26～35 歲
□ 36～55 歲 □ 56 歲或以上

學歷：□中三或以下 □中五 □預科
□大學 □研究院

□我欲更多了解基道出版社的事工及考慮支持，請寄給我下列資料：

□機構簡介 □新書資料 □基道會員通訊

□《基道文字事工通訊》

姓名：______________ 電話：______________

地址：______________________

____

傳真：______________ 電子郵件：______________

其他意見：______________________

____

多謝賜教！

基道出版社

意見表可以傳真（2687-0281）或直接郵寄以下地址：
香港沙田火炭坳背灣街26號富騰工業中心1011室
基道出版社編輯部收